SOMMAIRE

Des idées de menus bistrot *4*

Les entrées *6*

Les plats *70*

Les desserts *142*

Index des recettes *192*

Des idées de menus bistrot...

...AUTOUR DES CLASSIQUES

Salade rouge de chèvre chaud, p. 6

Navarin d'agneau tout vert, p. 100

Tarte au citron en verrines, p. 150

...TOUT EN LÉGÈRETÉ

Salade de fenouil et betterave, p. 30

Rougets à la niçoise, p. 94

Ananas, beurre salé et gousse de vanille, p. 190

...POUR ÉPATER

Œufs surprise, p. 18

Bouillabaisse glacée, p. 116

Moelleux à la pistache et au chocolat blanc, p. 162

...ULTRARAPIDES

Céleri rémoulade à la pomme, p. 31

Entrecôtes grillées sauce roquefort, p. 96

Fraises à la crème fouettée, p. 160

...EN MODE TERROIR

Rillettes de lapin au bouillon, p. 20

Bœuf bourguignon, p. 122

Quatre-quarts à la crème, p. 174

...POUR LES GRANDES OCCASIONS

Petits clafoutis aux saint-jacques, p. 16

Magrets de canard et navets au miel, p. 84

Parfait aux marrons, p. 188

SALADE ROUGE
de chèvre chaud

Pour 4 personnes
Préparation : 20 min
Cuisson : 50 min à 1 h 05

125 g de groseilles
ou de cranberries séchées
1 trévise de taille moyenne
1 betterave crue
4 petits chèvres pas trop
faits (type rocamadour
ou cabécou)
1 grand pain plat croustillant
à l'huile d'olive (pain italien)
5 cuill. à soupe d'huile d'olive
4 cuill. à soupe de vinaigre
balsamique rouge
Sel et poivre noir du moulin

1. Préchauffez le four à 180 °C (th. 6). Posez la betterave sur un grand carré de papier aluminium. Salez, poivrez et arrosez de 1 cuillerée à soupe d'huile d'olive. Refermez le papier aluminium en papillote et faites cuire 45 minutes à 1 heure. Sortez du four et laissez refroidir, puis pelez la betterave et émincez-la finement.

2. Lavez la trévise, effeuillez-la et coupez-la grossièrement. Rincez les groseilles ou les cranberries et posez-les sur une feuille de papier absorbant. Répartissez la trévise, la betterave et les cranberries ou les groseilles sur 4 assiettes individuelles.

3. Cassez le pain italien en 4 morceaux irréguliers. Préchauffez le four sur position gril. Posez chaque petit fromage de chèvre sur un morceau de pain croustillant et passez sous le gril du four pendant quelques minutes. Répartissez sur les assiettes, arrosez d'huile d'olive et de vinaigre balsamique. Salez, donnez un tour de moulin à poivre et servez.

TARTARE
de saumon

Pour 4 personnes
Préparation : 20 min
Marinade : 1 h 20
à 1 h 30

700 g de filet de saumon, sans la peau
1 avocat
1 petit concombre anglais
2 citrons verts
1 oignon nouveau
2 brins d'aneth
3 branches de coriandre
1 cuill. à soupe rase de wasabi
3 cuill. à soupe d'huile d'olive
Sel et poivre blanc du moulin

1. Coupez le poisson en tout petits dés et mettez-les dans un saladier. Arrosez de 1 cuillerée à soupe d'huile d'olive.

2. Hachez finement l'oignon nouveau, ainsi que l'aneth et la coriandre. Pressez les citrons et récupérez le jus. Délayez le wasabi avec 2 cuillerées à soupe d'huile d'olive et le jus des citrons, puis ajoutez l'oignon nouveau et les herbes hachées. Salez et poivrez. Versez sur le poisson. Mélangez et faites mariner 1 heure au frais.

3. Pelez et coupez l'avocat et le concombre en petits morceaux, puis ajoutez-les au poisson. Laissez mariner 20 à 30 minutes, puis servez dans des assiettes individuelles avec du mesclun.

ŒUFS COCOTTE
campagnards

Pour 4 personnes
Préparation : 20 min
Cuisson : 25 min

4 œufs
380 g de crème fraîche
1 camembert
2 saucisses de Montbéliard
6 fines tranches de poitrine fumée
300 g d'épinards frais
100 g d'oignons
50 g de croûtons à l'ail
Sel et poivre du moulin

1. Taillez la poitrine fumée en larges tronçons, puis faites-la bien griller dans une poêle sans matière grasse. Réservez. À la place, faites revenir l'oignon émincé. S'il colore trop vite, ajoutez un peu d'eau et laissez évaporer. Incorporez ensuite les épinards lavés et laissez fondre. Poivrez.

2. Préchauffez le four à 210 °C (th. 7) et placez-y un bain-marie. Plongez les saucisses dans une casserole d'eau bouillante et laissez cuire 10 minutes. Coupez-les en rondelles, puis chaque rondelle en quatre. Mélangez ensuite la saucisse et la poitrine fumée avec les épinards.

3. Retirez la croûte du camembert et coupez-le en petits dés. Salez et poivrez la crème, puis réchauffez-la doucement.

4. Versez un peu de crème dans le fond de quatre ramequins. Répartissez-y la préparation campagnarde, ajoutez le camembert et nappez de crème.

5. Cassez un œuf dans chaque ramequin, rajoutez un peu de crème et répartissez les croûtons dessus.

6. Enfournez au bain-marie. Surveillez la cuisson et arrêtez-la lorsque le blanc d'œuf est encore bien baveux. Poivrez et servez.

SALADE NIÇOISE

Pour 4 personnes
Préparation : 30 min
Cuisson : 5 min

500 g de filet de thon frais
12 filets d'anchois
300 g de tomates cerises
ou de tomates anciennes
200 g de haricots verts frais
1 poivron vert
1 bulbe de fenouil
4 oignons nouveaux
12 radis
1 branche de céleri
2 poignées de fèves fraîches
150 g d'olives de Nice
3 branches de basilic
3 brins de persil
1 petite gousse d'ail
3 cuill. à soupe de jus
de citron
8 cuill. à soupe d'huile d'olive
Sel et poivre noir du moulin

1. Écossez les fèves et équeutez les haricots verts. Faites cuire les haricots dans une grande quantité d'eau bouillante salée pendant 3 minutes. Ajoutez les fèves et poursuivez la cuisson 2 minutes. Égouttez et passez sous l'eau froide pour arrêter la cuisson.

2. Rincez et séchez les légumes restants. Coupez les tomates en deux et le poivron en fines lanières. Émincez finement le fenouil, les radis, le céleri et les oignons nouveaux.

3. Préparez la vinaigrette : hachez finement le basilic et le persil. Mélangez le jus de citron et l'huile d'olive, salez et poivrez, puis ajoutez les herbes hachées.

4. Épluchez l'ail, coupez la gousse en deux et retirez le germe. Frottez le plat de service ou 4 assiettes avec les demi-gousses d'ail. Répartissez les haricots verts, les tomates, le poivron, le fenouil, les radis, le céleri, les oignons nouveaux et les fèves. Ajoutez les anchois et les olives. Détaillez le thon en sashimi et disposez-le sur la salade. Arrosez de vinaigrette et servez.

ŒUFS MIMOSA

Pour 4 personnes
Préparation : 15 min
Cuisson : 10 min

4 œufs
4 cuill. à soupe de mayonnaise
4 feuilles creuses de cœur de laitue
1 cuill. à soupe de ciboulette ciselée

1. Faites durcir les œufs 10 minutes à l'eau bouillante salée. Refroidissez-les dans un bol d'eau froide, puis écalez-les. Lavez et épongez les feuilles de laitue.

2. Coupez les œufs en 2 dans la longueur et retirez délicatement les jaunes. Mettez-en 4 dans un bol avec la mayonnaise et écrasez l'ensemble à la fourchette pour obtenir une pâte homogène. Remplissez-en largement les blancs évidés, en faisant des petits dômes.

3. Passez les 2 derniers jaunes à travers une passoire fine pour faire le « mimosa » (frottez-les sur une râpe ou encore effritez-les finement à la fourchette).

4. Posez les feuilles de laitue sur un petit plat. Placez 2 moitiés d'œuf sur chacune, puis parsemez les jaunes et la ciboulette.

PETITS CLAFOUTIS
aux saint-jacques

Pour 4 personnes
Préparation : 30 min
Cuisson : 25 min

8 à 12 noix de saint-jacques
(selon la taille)
500 g de topinambours
1 cuill. à soupe de cerfeuil
ciselé + quelques feuilles
2 œufs entiers + 2 jaunes
Beurre pour les ramequins
50 cl de lait
30 cl de crème liquide
entière
1 cuill. à soupe bombée
de Maïzena®
1 cuill. à soupe d'huile
Sel et poivre du moulin

1. Rincez et épongez les noix de saint-jacques. Recoupez éventuellement les plus grosses en deux, horizontalement. Salez et poivrez les deux faces. Faites-les dorer 30 secondes de chaque côté, à feu vif, dans une poêle antiadhésive juste enduite d'huile. Réservez.

2. Épluchez les topinambours. Coupez-les en petites rondelles. Faites-les cuire 5 minutes environ à petits frémissements dans le lait légèrement salé : ils doivent être juste tendres et ne pas s'écraser. Sortez-les avec une écumoire et posez-les sur du papier absorbant pour qu'ils finissent de sécher.

3. Préchauffez le four à 180 °C (th. 6). Beurrez largement 4 ramequins ou poêlons individuels. Disposez les noix de saint-jacques, puis répartissez les topinambours tout autour.

4. Dans un bol, battez les œufs entiers et les jaunes avec la Maïzena®, puis ajoutez la crème, sans cesser de remuer. Salez et poivrez, ajoutez le cerfeuil et mélangez. Quand la préparation est bien lisse, versez-la dans les plats. Enfournez et faites cuire 20 à 25 minutes. Servez aussitôt, parsemé de quelques petites feuilles de cerfeuil.

ŒUFS SURPRISE

Pour 18 pièces
Préparation : 1 h
Cuisson : 10 min

18 gros œufs
15 g de beurre
1 cuill. à soupe de crème fraîche épaisse
Sel et poivre du moulin

Pour la garniture à la tomate pour 6 œufs
1 petite tomate
1 branche de cerfeuil
1 cuill. à café d'huile d'olive
Sel et poivre du moulin

Pour la garniture au saumon fumé pour 6 œufs
1 belle tranche de saumon fumé
1 branche d'aneth

Pour la garniture aux œufs de poissons volants pour 6 œufs
15 g d'œufs de poissons volants ou de poissons de votre choix (hareng, truite, saumon, lump…)
10 cl de crème liquide
Sel et poivre du moulin

1. Préparation des œufs : à l'aide de ciseaux à œufs ou d'un couteau d'office, découpez le haut des œufs comme s'il s'agissait d'œufs à la coque. Videz-les dans un saladier, battez-les légèrement, salez et poivrez. Lavez les coquilles d'œufs et séchez-les. Réservez. Beurrez l'intérieur d'une casserole, versez les œufs battus, fouettez-les tout en incorporant le beurre coupé en petits cubes, puis placez à feu très doux sans cesser de fouetter. Dès que la préparation devient crémeuse, retirez du feu immédiatement, ajoutez la crème fraîche, puis répartissez les œufs brouillés dans les coquilles vides. Conservez-les au frais dans l'attente de les garnir.

2. Préparez la garniture à la tomate : mondez la tomate, coupez-la en deux, épépinez-la, puis découpez la chair en petits cubes. Dans un bol, assaisonnez-les avec une pincée de sel, du poivre et l'huile d'olive. Déposez délicatement les dés de tomate sur les œufs brouillés et décorez de feuilles de cerfeuil.

3. Préparez la garniture au saumon fumé : découpez le saumon en petites lanières très fines. Déposez-les délicatement sur les œufs et décorez avec l'aneth.

4. Préparez la garniture aux œufs de poissons volants : montez la crème liquide en chantilly. Salez et poivrez légèrement. Versez la crème dans une poche à douille cannelée, recouvrez les œufs brouillés de chantilly et décorez avec les œufs de poissons.

RILLETTES DE LAPIN
au bouillon

Pour 8 à 10 personnes
Préparation : 30 min
Cuisson : 2 h 40
Réfrigération : 12 h

1 lapin de 1,2 kg découpé en morceaux
½ pied de veau
2 petites carottes
1 feuille de blanc de poireau
1 petite branche de céleri
1 oignon
4 gousses d'ail
1 petite tige de romarin
1 feuille de laurier
Quelques brins de persil
10 cl de vin blanc moelleux
2 cubes de bouillon de volaille
2 cuill. à soupe d'huile d'olive
1 cuill. à café de poivre en grains
Sel

1. Faites un petit bouquet avec la feuille de poireau, le laurier, le persil et le romarin. Préparez 1 litre de bouillon avec les 2 tablettes de concentré. Ajoutez le vin blanc. Pelez et lavez les carottes et le céleri. Taillez-les en petits cubes. Épluchez et hachez l'oignon.

2. Faites dorer les morceaux de lapin à feu modéré dans une cocotte, avec l'huile d'olive, en remuant souvent. Versez le bouillon, ajoutez le pied de veau, le bouquet garni, le poivre et les gousses d'ail entières, avec leur peau, puis amenez doucement à la limite de l'ébullition. Faites cuire 2 heures à feu doux. Ajoutez les légumes et poursuivez la cuisson pendant 30 minutes environ, jusqu'à ce que la chair du lapin se détache spontanément des os.

3. Égouttez les morceaux de lapin à l'aide d'une écumoire et posez-les sur un plat. Prenez-les l'un après l'autre à la main, détachez la chair des os et mettez-la dans un grand bol. Retirez le pied de veau, l'ail et le bouquet garni de la cocotte. Passez le bouillon et récupérez les légumes. Versez une louche de bouillon sur la viande et travaillez vivement le mélange à la fourchette pour effilocher la chair. Ajoutez les légumes et mélangez bien. Goûtez et rectifiez l'assaisonnement.

4. Mettez en terrine et égalisez la surface. Laissez refroidir. Placez au réfrigérateur de préférence, au minimum 12 heures.

SOUPE DE POTIRON

Pour 4 personnes
Préparation : 20 min
Cuisson : 40 à 45 min

600 g de courge
5 petites ou 3 belles carottes
2 oranges à jus (maltaises)
1 petite gousse d'ail
3 brins de coriandre
1 cuill. à café rase de cumin moulu
1 pincée de sucre
4 cuill. à soupe d'huile d'olive
+ 1 filet pour servir
Sel et poivre noir du moulin

1. Épluchez la gousse d'ail et coupez-la en deux, en prenant soin de retirer le germe. Épluchez la courge et les carottes. Coupez-les en morceaux.

2. Pressez les oranges et versez le jus dans un faitout. Ajoutez l'ail, l'huile d'olive, le cumin, le sucre, les carottes et la courge. Salez et poivrez. Couvrez d'eau à hauteur. Portez à ébullition et faites cuire à couvert pendant 40 à 45 minutes à frémissement, jusqu'à ce que tous les légumes soient tendres.

3. Mixez la soupe et rectifiez l'assaisonnement. Rincez et séchez la coriandre, puis hachez-la finement. Servez la soupe bien chaude avec la coriandre et un filet d'huile d'olive.

SALADE ROMAINE
au poulet mariné

Pour 4 personnes
Préparation : 15 min
Cuisson : 6 min
Réfrigération : 2 h

1 salade romaine
2 blancs de poulet de 180 g
4 cuill. à soupe de basilic ciselé
1 cuill. à café de graines de coriandre
100 g de parmesan en un seul morceau
16 olives vertes dénoyautées
1 citron
2 gousses d'ail
2 cuill. à soupe de sauce barbecue
7 cuill. à soupe d'huile d'olive
1 cuill. à soupe de vinaigre à l'estragon
Sel et poivre

1. Étalez les blancs de poulet dans un plat spécial pour micro-ondes. Badigeonnez-les de sauce barbecue, couvrez de papier sulfurisé et faites-les cuire 6 minutes sur puissance maximum en les retournant à mi-cuisson.

2. Lavez et effeuillez la salade, essorez-la et ciselez grossièrement les feuilles. Réservez au frais. Dans un bol, mélangez la moitié de l'huile, le vinaigre, du sel et du poivre. Réservez.

3. Sortez les blancs de poulet et laissez-les reposer 3 minutes. Arrosez-les avec le jus de citron et le reste d'huile, ajoutez le basilic et les graines de coriandre, l'ail pelé et pressé. Mélangez, couvrez et laissez mariner 2 heures au frais.

4. Répartissez la romaine sur les assiettes, ajoutez les blancs de poulet égouttés et émincés, nappez de vinaigrette. Garnissez avec les olives et le parmesan en copeaux.

TERRINE
de foie de volaille

Pour 4 personnes
À préparer à l'avance
Préparation : 45 min
Marinade : 12 h
Cuisson : 20 à 25 min
Réfrigération : 4 h

600 g de foies de volaille
4 échalotes
100 g de beurre
20 g de pistaches vertes non salées
20 g de noisettes entières
Fleur de sel

Pour la marinade
1 cuill. à café de thym frais
1 pincée de muscade râpée
1 cuill. à soupe de porto rouge
1 cuill. à soupe d'armagnac
1 cuill. à café de vinaigre de xérès
Sel et poivre noir du moulin

1. La veille, enlevez la partie verte des foies de volaille (le fiel). Mettez-les à mariner pendant 12 heures avec le porto, l'armagnac, le vinaigre, la muscade, le thym, du sel et du poivre.

2. Pelez les échalotes et émincez-les finement. Faites chauffer 20 g de beurre dans une sauteuse et ajoutez les échalotes. Faites-les fondre à feu doux pendant 5 à 10 minutes, sans colorer. Ajoutez les foies de volaille et faites revenir à feu moyen pendant 3 minutes. Salez, poivrez et ajoutez la marinade. Poursuivez la cuisson 7 à 8 minutes à feu doux. Laissez tiédir.

3. Mixez la préparation avec le jus de cuisson et le beurre restant, jusqu'à obtenir un mélange homogène. Rectifiez l'assaisonnement : cette préparation peut être assez poivrée. Répartissez dans des petites verrines ou des petites conserves et lissez la surface. Laissez reposer au réfrigérateur pendant 4 heures avant de servir.

4. Faites griller les noisettes dans une poêle antiadhésive légèrement huilée pendant 4 à 5 minutes avec un peu de fleur de sel. Laissez tiédir, puis hachez les noisettes et les pistaches. Servez les terrines avec les fruits hachés.

SOUPE À L'OIGNON

Pour 4 personnes
Préparation : 20 min
Cuisson : 1 h 05

12 gros oignons
30 g de beurre
80 g de cheddar
8 tranches de pain
de campagne ou de baguette
2 l de bouillon de bœuf
de très bonne qualité, chaud
1 cuill. à café de thym
ou d'origan séché
2 cuill. à soupe d'huile d'olive
Sel et poivre noir du moulin

1. Épluchez les oignons, puis émincez-les en lanières. Faites chauffer le beurre et 1 cuillerée à soupe d'huile d'olive dans une sauteuse sur feu doux à moyen. Ajoutez les trois quarts des oignons et le thym. Couvrez et faites cuire 30 minutes en mélangeant de temps en temps, sans laisser colorer. Salez et poivrez.

2. Dans une autre sauteuse, faites chauffer 1 cuillerée à soupe d'huile d'olive et faites fondre les oignons restants pendant 15 minutes, en mélangeant de temps en temps, puis versez le bouillon de bœuf bien chaud. Laissez mijoter pendant 15 minutes. Ajustez l'assaisonnement et filtrez.

3. Pendant ce temps, râpez le fromage grossièrement. Coupez les tranches de pain en deux et faites-les dorer. Répartissez le fromage sur le pain, puis faites fondre sous le gril du four pendant 2 à 3 minutes. Versez la compotée dans des petits bols, couvrez de bouillon et servez avec les croûtons au fromage.

SALADE DE FENOUIL ET BETTERAVE

Pour 4 personnes
Préparation : 20 min

2 bulbes de fenouil
1 betterave crue
50 g de radis noir
1 orange bio
Jus de citron
½ cuill. à café de vinaigre de xérès
Huile d'olive
Sel et poivre

1. Épluchez les fenouils, la betterave et le radis noir. À l'aide d'une petite râpe, prélevez le zeste de l'orange et réservez-le. Pressez l'orange. Mettez le jus dans un bol, ajoutez la même quantité d'huile d'olive et versez le vinaigre de xérès. Salez et poivrez. Émulsionnez cette vinaigrette.

2. Râpez finement et séparément le fenouil, le radis noir et la betterave en dernier pour ne pas salir la râpe. Citronnez le fenouil pour éviter qu'il ne noircisse.

3. Dans chaque assiette, déposez une couche fine de fenouil râpé en formant un cercle de 10 cm de diamètre environ. Ajoutez par-dessus un cercle plus petit de betterave râpée. Terminez par quelques lamelles de radis noir. Ajoutez la pointe d'un couteau de zeste d'orange.

4. Versez la vinaigrette d'orange sur la salade et décorer les bords des assiettes avec un cercle de vinaigrette.

CÉLERI RÉMOULADE À LA POMME

Pour 4 personnes
Préparation : 15 min

½ boule de céleri-rave
(300 g environ)
1 pomme acidulée
(Pink Lady ou Antarès)
1 jaune d'oeuf
4 cuill. à soupe de fromage
blanc à 20 % MG
1 citron
6 brins de persil plat
1 cuill. à soupe rase
de moutarde de votre choix
(à l'ancienne, aux condiments,
mi-forte ou de Meaux)
Sel et poivre du moulin

1. Préparez la sauce rémoulade. Pressez le citron pour recueillir son jus. Ciselez 4 brins de persil et réservez les autres pour la décoration. Dans un bol, mélangez le jaune d'oeuf avec 1 cuillerée à soupe de jus de citron, la moutarde, sel et poivre du moulin. Ajoutez petit à petit le fromage blanc, comme l'huile d'une mayonnaise, puis incorporez le persil ciselé. Rectifiez l'assaisonnement.

2. Pelez le céleri, puis râpez-le au robot. Transvasez-le dans un saladier et ajoutez la sauce rémoulade. Mélangez. Lavez la pomme, essuyez-la, puis coupez-la en quartiers. Épépinez-la et coupez-la en fins bâtonnets (avec la peau). Arrosez ces derniers avec un filet de jus de citron et mélangez afin d'éviter qu'ils ne noircissent.

3. Déposez un dôme de céleri assaisonné dans 4 coupelles, puis déposez quelques bâtonnets de pomme. Décorez du persil réservé.

FLAMICHE AUX POIREAUX

Pour 8 personnes
Préparation : 30 min
Cuisson : 35 min

800 g de blancs de poireaux
50 g d'échalotes
40 g de beurre
150 g de fromage blanc
15 cl de crème liquide
100 g de gruyère râpé
Noix muscade
Sel et poivre

Pour la pâte brisée
200 g de farine
100 g de beurre pommade
1 jaune d'oeuf
5 cl d'eau
5 g de sel

1. Préparez la pâte brisée : coupez le beurre en petits morceaux et incorporez-le à la farine du bout des doigts. Ajoutez le jaune d'œuf, le sel et l'eau. Pétrissez rapidement la pâte. Réservez au frais.

2. Épluchez les poireaux et les échalotes, puis émincez-les. Passez-les sous l'eau froide, égouttez-les et faites-les revenir dans une sauteuse avec le beurre. Salez, poivrez. Couvrez et laissez cuire à l'étuvée à feu doux pendant 15 minutes.

3. Hors du feu, incorporez le fromage blanc, la crème et le gruyère râpé. Remuez délicatement. Ajoutez un peu de noix muscade râpée.

4. Préchauffez le four à 180 °C (th. 6). Étalez la pâte en une couche très fine sur le plan de travail fariné. Foncez un moule à tarte beurré avec la pâte.

5. Versez la préparation à base de poireaux sur le fond de tarte. Enfournez 15 à 20 minutes dans le haut du four. Le dessus de la flamiche doit être doré.

SOUFFLÉS AU FROMAGE

Pour 8 personnes
Préparation : 45 min
Cuisson : 20 min
Repos : 50 min

120 g de beurre
155 g de farine
50 cl de lait
10 blancs d'œufs
8 jaunes d'œufs
300 g de fromage râpé
1 pincée de piment
de cayenne
1 pincée de noix de muscade
Sel

1. Préparez le roux blanc : faites fondre 80 g de beurre dans une casserole portée sur feu doux. Ajoutez 80 g de farine et mélangez, puis laissez cuire quelques instants avant de mélanger à nouveau. Poursuivez la cuisson jusqu'à la formation d'une mousse blanchâtre en surface. Retirez alors du feu et laissez refroidir.

2. Chemisez les moules : faites ramollir 40 g de beurre jusqu'à ce qu'il prenne la consistance d'une pommade, puis beurrez grassement huit ramequins à l'aide d'un pinceau et réservez-les au frais 10 minutes, le temps que le beurre fige. Farinez l'intérieur des ramequins. Déposez une petite collerette de beurre sur le bord des ramequins et réservez-les au frais.

3. Préparez la sauce Mornay : assaisonnez le lait de sel, de piment et de noix de muscade, puis portez-le à ébullition. Incorporez petit à petit le lait au roux blanc, en mélangeant avec un fouet jusqu'à obtenir une sauce lisse. Faites cuire la béchamel sur feux doux en remuant, et maintenez l'ébullition pendant au minimum 30 secondes. Hors du feu, incorporez les jaunes d'œuf, puis le fromage râpé. Rectifiez l'assaisonnement. Débarrassez la sauce Mornay dans un saladier, filmez-la et laissez refroidir.

4. Montez les blancs en neige : placez les blancs dans la cuve d'un batteur et salez-les légèrement. Fouettez-les doucement pour les casser, puis fouettez plus rapidement pour les monter en neige.

5. Préparez un bain-marie pour cuire les soufflés au four. Incorporez le tiers des blancs à la sauce Mornay. Incorporez très délicatement le reste des blancs en neige, en coupant l'appareil à l'aide d'une spatule. Remplissez les moules aux trois quarts, posez-les dans l'eau frémissante du bain-marie et laissez 10 minutes. Enfournez les soufflés et laissez cuire 5 minutes, puis baissez la température à 160 °C (th. 5-6) et faites cuire encore 5 minutes.

SALADE DE TOMATES
en verrines

Pour 15 verrines
Préparation : 40 min
Cuisson : 10 min
Infusion : 15 min
Réfrigération : 2 h

2 tomates jaunes
2 tomates vertes green zebra
1 grosse tomate cœur
de bœuf
½ bouquet de basilic
+ 16 feuilles
200 g de lait entier
150 g de crème liquide
170 g de mozzarella
de bufflonne
20 g de pignons de pin
8 pointes de couteau
d'agar-agar
6 cuill. à soupe d'huile d'olive
+ 1 filet
2 cuill. à soupe de vinaigre
balsamique blanc
Sel fin, fleur de sel et poivre
du moulin

1. Dans une casserole, amenez le lait à ébullition, puis déposez le bouquet de basilic préalablement lavé et essuyé. Ôtez du feu, couvrez la casserole et laissez infuser pendant 15 minutes, puis retirez le basilic.

2. Dans le même récipient, ajoutez la crème liquide et la mozzarella coupée en dés au lait infusé. Mélangez à feu doux, jusqu'à l'obtention d'une crème lisse. Ajoutez l'agar-agar, ramenez à ébullition, puis assaisonnez de sel fin et d'un filet d'huile d'olive. Versez la préparation dans le bol d'un blender et mixez vivement. Filtrez la préparation dans un chinois et pressez les résidus de mozzarella afin d'en extraire toute la saveur. Versez le mélange dans un siphon, ajoutez 2 cartouches de gaz, secouez fortement et conservez au frais pendant 2 heures.

3. Dans un bol, mélangez le vinaigre, l'huile, la fleur de sel et le poivre. Réservez. Torréfiez les pignons de pin dans une poêle, puis hachez-les au couteau. Réservez.

4. Taillez les tomates en petits cubes et versez-les dans un saladier. Ciselez le bouquet de basilic, puis ajoutez-le aux tomates. Versez la vinaigrette, mélangez et répartissez la préparation dans les verrines. À l'aide du siphon, recouvrez les verrines de chantilly à la mozzarella, décorez avec la concassée de pignons, les petites feuilles de basilic et une goutte d'huile d'olive. Servez sans attendre.

OIGNONS FARCIS

Pour 4 personnes
Préparation : 30 min
Cuisson : 1 h

500 g de potiron
4 gros oignons
1 œuf
40 g de beurre
150 g de macarons aux amandes (amaretti)
125 g de fruits confits
20 cl de vinaigre
1 cuill. à soupe d'huile
1 morceau de sucre
Sel et poivre du moulin

1. Mettez les fruits confits et le vinaigre dans une casserole, portez à ébullition et faites cuire 2 à 3 minutes. Ôtez du feu et laissez refroidir.

2. Épluchez les oignons. Faites-les cuire 15 minutes dans de l'eau bouillante salée, puis égouttez-les. Pelez le potiron, éliminez filaments et graines, et coupez-les en cubes.

3. Placez les cubes de potiron dans une casserole avec 10 cl d'eau, le sucre et l'huile. Faites cuire doucement pendant 20 minutes environ, en mélangeant souvent. Écrasez le potiron à la fourchette et mettez cette purée dans un saladier.

4. Égouttez les fruits confits et hachez-les très finement au couteau. Écrasez les macarons. Ajoutez-les à la purée de potiron, ainsi que l'œuf entier. Salez légèrement, poivrez et mélangez bien pour obtenir une farce homogène.

5. Préchauffez le four à 180 °C (th. 6) et beurrez un plat à gratin. Coupez les oignons en deux et creusez-les en laissant l'enveloppe extérieure. Hachez la pulpe, mélangez-la à la farce et garnissez-en les coques d'oignons. Rangez-les dans le plat, parsemez le reste du beurre en petits morceaux et enfournez. Laissez cuire 40 minutes et servez chaud.

FLANS AUX CHAMPIGNONS
des bois et échalotes

Pour 4 personnes
Préparation : 30 min
Cuisson : 35 à 45 min

300 g de champignons des bois
2 échalotes
2 œufs + 3 jaunes
25 cl de crème liquide
1 cuill. à soupe de feuilles de persil plat ciselées
1 cuill. à soupe d'huile de tournesol
Beurre pour les moules (facultatif)
Sel et poivre du moulin

1. Nettoyez soigneusement les champignons sans les faire tremper, après leur avoir ôté la partie terreuse des pieds. Coupez les plus gros champignons en deux. Épluchez et hachez finement les échalotes.

2. Mettez l'huile à chauffer à feu assez vif dans une grande poêle. Ajoutez les champignons et faites-les revenir en remuant souvent, jusqu'à ce que toute leur eau de végétation soit évaporée. Salez, poivrez, parsemez le persil ciselé et le hachis d'échalote, et laissez encore 1 ou 2 minutes sur le feu sans cesser de remuer.

3. Dans un grand bol, fouettez les œufs entiers avec les jaunes et la crème jusqu'à ce que le mélange soit bien homogène.

4. Préchauffez le four à 150 °C (th. 5). Beurrez des ramequins individuels ou préparez des moules en silicone.

5. Répartissez les champignons dans les moules, puis versez la crème aux œufs sans les remplir complètement. Placez les ramequins dans un bain-marie et enfournez pour 30 à 40 minutes, jusqu'à ce que les flans soient pris. Attendez quelques minutes avant de démouler.

JAMBON PERSILLÉ

Pour 4 personnes
Préparation : 30 min
Cuisson : 5 min
Réfrigération : 3 h

220 g de jambon cuit à l'os sans couenne, en tranche épaisse
1 pied de porc cuit
40 cl de bouillon de volailles
2 cuill. à soupe de persil (ou de coriandre) ciselé
1 cuill. à soupe d'échalotes hachées
2 feuilles de gélatine
Poivre du moulin

1. Chauffez doucement le pied de porc dans le bouillon, sans atteindre l'ébullition. Égouttez-le. Posez-le sur une planche, coupez-le en deux dans la longueur, puis désossez-le complètement. Jetez les os. Conservez tout le reste, viande et cartilages, et hachez en petits dés au couteau. Coupez le jambon en cubes sensiblement de même taille.

2. Filtrez le bouillon et conservez-en 25 cl.

3. Faites ramollir les feuilles de gélatine dans un bol d'eau froide. Égouttez-les, mettez-les dans le bouillon et chauffez doucement pour les faire fondre. Ajoutez les herbes et les échalotes, poivrez légèrement, mélangez et laissez tiédir.

4. Versez une très fine couche de gelée dans le fond des verrines et mettez à prendre au réfrigérateur.

5. Remplissez de dés de jambon et de pied de porc, en versant un peu de gelée au fur et à mesure. Recouvrez-en bien la surface. Remettez au moins 3 heures au réfrigérateur avant de déguster.

GASPACHO
de courgettes et tomates

Pour 4 personnes
Préparation : 20 min
Réfrigération : 3 h
Cuisson : 10 min

4 courgettes
4 tomates
2 gousses d'ail
1 citron
10 feuilles de basilic
4 ou 5 cuill. à soupe d'huile d'olive
Sel et poivre

1. Lavez les courgettes, coupez-les en morceaux et faites-les cuire 10 minutes à la vapeur, jusqu'à ce qu'elles soient tendres.

2. Pelez les gousses d'ail et blanchissez-les deux ou trois fois. Ôtez le germe.

3. Plongez les tomates quelques instants dans de l'eau frémissante, pelez-les, épépinez-les et mettez-les dans le bol du mixeur. Ajoutez ensuite les courgettes, l'ail, le jus de citron et mixez.

4. Incorporez progressivement l'huile d'olive, salez, poivrez, puis ajoutez un peu d'eau froide pour obtenir la consistance désirée. Placez au réfrigérateur au moins 3 heures.

5. Répartissez le gaspacho dans de grands verres ou dans des bols, ajoutez quelques glaçons, décorez de feuilles de basilic et servez.

VELOUTÉ DE CHÂTAIGNE

Pour 4 personnes
Préparation : 10 min
Cuisson : 35 min

550 g de châtaignes épluchées, fraîches, surgelées ou en bocal
50 cl de lait
2 oignons
1 cube de bouillon de volaille
15 g de beurre
Sel et poivre

1. Émincez les oignons. Faites les revenir 5 minutes dans une cocotte avec le beurre

2. Ajoutez les châtaignes et faites-les revenir 3 minutes avec les oignons, en remuant.

3. Verse le lait et ½ litre d'eau. Ajoutez le cube de bouillon de volaille. Laissez mijoter à petit feu 20 minutes, à partir du premier frémissement.

4. Réservez quelques morceaux de châtaigne cuite, puis mixez la soupe. Salez et poivrez. Dégustez bien chaud, parsemé des morceaux de châtaigne réservés.

AUMÔNIÈRES D'ESCARGOTS

Pour 6 personnes
Préparation : 40 min
Cuisson : 30 min

6 douzaines d'escargots de Bourgogne
600 g de lardons fumés
2 échalotes
6 brins de ciboulette
2 jaunes d'œufs
30 g de crème fleurette
9 feuilles de brick
10 cl de vermouth
4 cuill. à café de fond de veau déshydraté
Huile d'arachide
Sel et poivre

1. Rincez les escargots à l'eau froide. Pelez et émincez finement les échalotes. Dans une sauteuse, faites dorer les lardons à feu moyen pendant 3 minutes. Conservez le gras fondu et égouttez les lardons ; réservez-les dans un saladier. Faites ramollir les brins de ciboulette pendant 1 minute dans une casserole d'eau bouillante salée. Déposez-les sur une assiette en les séparant bien les uns des autres.

2. Dans le gras des lardons, jetez les échalotes et les escargots, remuez et faites cuire 10 minutes à feu moyen. Salez et poivrez. Incorporez le fond de veau, la crème et le vermouth. Lorsque la sauce semble homogène, retirez les escargots et réservez-les avec les lardons. Retirez la sauteuse du feu et gardez la sauce.

3. Détachez les feuilles de brick de leur papier de séparation. Conservez 6 feuilles entières et découpez 2 ronds dans les 3 feuilles restantes. Badigeonnez les feuilles d'huile d'arachide à l'aide d'un pinceau.

4. Préchauffez le four à 180 °C (th. 6). Prenez une feuille de brick, déposez au milieu un rond de feuille de brick et répartissez dessus les escargots et les lardons. Ramassez les bords et attachez-les avec un brin de ciboulette. Enfournez et laissez cuire 10 minutes. Pendant ce temps, faites légèrement chauffer la sauce réservée et ajoutez les jaunes d'œufs. Mélangez.

5. Déposez les aumônières dans les assiettes de service et nappez la sauce autour.

QUICHE AUX ARTICHAUTS
et aux tomates confites

Pour 6 personnes
Préparation : 30 min
Cuisson : 30 min

250 g de pâte brisée
2 tomates fraîches
15 cl de crème fleurette
3 œufs
15 g de beurre
150 g de tomates séchées confites à l'huile
6 petits cœurs d'artichauts au naturel
1 cuill. à café de fleur de thym
Sel et poivre du moulin

1. Étalez la pâte feuilletée dans un moule beurré de 26 cm de diamètre. Réservez à température ambiante.

2. Préchauffez le four à 220 °C (th. 7-8).

3. Égouttez les tomates séchées et coupez-les en petits morceaux. Ébouillantez et pelez les tomates fraîches, coupez-les en deux, retirez les graines et taillez la pulpe en petits dés. Mélangez-les avec les tomates confites.

4. Égouttez les cœurs d'artichauts et coupez-les en deux. Mélangez-les avec la cuillère à café de fleur de thym.

5. Sur le fond de tarte, répartissez le mélange aux tomates. Cassez les œufs dans un bol et ajoutez la crème, mélangez intimement, salez et poivrez. Versez délicatement ce mélange sur les tomates, puis ajoutez sur le dessus les demi-cœurs d'artichauts au thym, en les enfonçant légèrement dans le mélange aux œufs. Enfournez pour 30 minutes environ. Servez chaud ou tiède.

CARRÉS FEUILLETÉS
aux cabécous, au miel et au thym

Pour 4 personnes
Préparation : 10 min
Cuisson : 10 min

4 carrés de pâte feuilletée préétalée
6 petits cabécous assez frais
4 cuill. à soupe de miel liquide
2 cuill. à café de thym
Poivre du moulin

1. Préchauffez le four à 200 °C (th. 6-7).

2. Posez les carrés de pâte côte à côte sur une plaque, avec leur papier sulfurisé, en les espaçant pour qu'ils ne se collent pas l'un contre l'autre en cuisant. Piquez le centre avec une fourchette.

3. Coupez les cabécous en deux dans l'épaisseur et posez 3 moitiés l'une contre l'autre, en triangle, au centre de chaque carré de pâte. Donnez un ou deux tours de moulin à poivre et enfournez. Faites cuire 8 à 10 minutes.

4. Laissez reposer 5 minutes à la sortie du four, puis faites couler une cuillerée de miel en filet fin sur les fromages. Parsemez ensuite un peu de thym.

5. Servez chaud, sur un lit de salade assaisonnée.

TARTINE ŒUF MIMOSA
et parmesan

Pour 4 personnes
Préparation : 20 min
Cuisson : 2 min

4 tranches de pain
aux céréales de 1 cm
d'épaisseur maximum
6 œufs frais + 1 jaune
150 g de parmesan
50 de câpres
1 cuill. à café de moutarde
25 cl d'huile d'olive
Sel et poivre du moulin

1. Faites griller pendant 2 minutes les tranches de pain à la presse à panini (th. 2). Faites durcir les œufs pendant 10 minutes.

2. Pendant ce temps, égouttez les câpres et détaillez le parmesan en fines lamelles à l'aide d'un couteau-économe.

3. Préparez une mayonnaise en mélangeant la moutarde au jaune d'œuf. Salez et poivrez, puis montez-la en versant au fur et à mesure l'huile d'olive sans cesser de mélanger avec une cuillère en bois.

4. Plongez les œufs dans l'eau froide et écalez-les. Coupez-les en deux dans le sens de la longueur, séparez les blancs des jaunes. Émiettez les jaunes.

5. Mélangez la moitié des jaunes avec la mayonnaise. Ajoutez les câpres. Tartinez les tranches de pain de cette mayonnaise aux jaunes, parsemez dessus le reste des jaunes émiettés et recouvrez de lamelles de parmesan. Poivrez et servez aussitôt.

CARPACCIO

Pour 4 personnes
Préparation : 5 min

400 g de tranches extra-fines de filet de bœuf
2 cuill. à soupe d'huile d'olive vierge extra
200 g de parmesan
Sel et poivre

1. Disposez les tranches de viande dans de grandes assiettes plates.

2. Assaisonnez de sel, de poivre et d'huile. Parsemez de copeaux de parmesan prélevés à l'aide d'un couteau économe. Servez froid.

TARTINES GRATINÉES
à la lyonnaise

Pour 4 personnes
Préparation : 10 min
Cuisson : 10 min

4 tranches de pain
aux céréales assez épaisses
2 Saint-Marcellin frais
20 brins de ciboulette fraîche
1 grosse gousse d'ail
1 cuill. à soupe d'huile
de noix
Sel et poivre

1. Pelez la gousse d'ail. Passez les tranches de pain au grille-pain sans les faire trop dorer, puis frottez-les d'un côté avec la gousse d'ail.

2. Coupez les Saint-Marcellin en deux dans l'épaisseur. Posez 1 demi-fromage sur chaque tranche de pain du côté frotté d'ail. Étalez-le un peu avec un couteau à tartiner. Salez très légèrement et poivrez.

3. Mettez le gril du four à chauffer. Ciselez les brins de ciboulette au-dessus des tartines, puis arrosez-les d'un filet d'huile de noix. Rangez-les sur une grille tapissée de papier aluminium. Glissez la grille sous le gril et laissez gratiner 10 minutes en surveillant. Servez aussitôt.

SALADE LANDAISE

Pour 4 personnes
Préparation : 30 min
Cuisson : 5 min

12 gésiers confits
20 fines tranches de magret de canard séché et fumé
4 tranches de foie gras de canard mi-cuit
4 fines tranches de jambon cru (de Bayonne ou serrano)
1 chicorée frisée
100 g de trévise rouge
1 belle échalote
5 cuill. à soupe d'huile de maïs
1 cuill. à soupe de vinaigre de vin blanc
Sel et poivre du moulin

1. Parez la chicorée : ne conservez que les feuilles tendres du cœur, lavez-les et essorez-les. Faites de même avec la trévise, mélangez les 2 salades, puis enveloppez-les dans un torchon et placez-les au réfrigérateur.

2. Préparez une vinaigrette : mélangez l'huile de maïs, le vinaigre et l'échalote pelée et finement ciselée. Salez et poivrez. Réservez.

3. Dégraissez les gésiers et faites-les revenir dans une poêle à feu doux, jusqu'à ce que toute la graisse soit fondue. Égouttez-les, épongez-les et taillez-les en lamelles.

4. Assaisonnez la salade et répartissez-la sur des assiettes de service assez grandes. Ajoutez les gésiers, alternés avec le magret. Ajoutez ensuite une tranche de jambon cru enroulée sur elle-même et terminez en posant une tranche de foie gras sur le dessus. Donnez un tour de moulin à poivre et servez aussitôt.

TARTARE DE SAINT-JACQUES
au crabe et à la pomme verte

Pour 4 personnes
Préparation : 15 min
Cuisson : 30 sec
Réfrigération : 1 h

12 belles noix de coquilles Saint-Jacques prêtes à l'emploi
200 g de chair de crabe émiettée
1 grosse pomme granny-smith
4 grands blinis
1 cuill. à soupe de ciboulette ciselée
Quelques brins d'aneth frais
½ citron
1 cuill. à café de paprika doux
4 cuill. à soupe de mayonnaise au citron
Poivre

1. Rincez et épongez les noix de saint-jacques. Coupez-les en petits dés et mettez-les dans un saladier. Égouttez la chair de crabe en vérifiant qu'il ne reste aucune trace de cartilage et mettez-la dans le saladier. Pelez et évidez la pomme, taillez-la en très petits dés et mettez-les dans le saladier.

2. Ajoutez le jus du citron, la mayonnaise, la ciboulette et le paprika. Mélangez avec soin, couvrez et réservez 1 heure au frais.

3. Au moment de servir, faites chauffer les blinis 30 secondes au four à micro-ondes. Posez-les sur les assiettes. Garnissez-les copieusement de tartare de saint-jacques, donnez un tour de moulin à poivre, décorez avec un peu d'aneth et servez aussitôt.

CRÈME BRÛLÉE
aux pelures de truffes

Pour 8 mini-ramequins plats
Préparation : 20 min
Cuisson : 40 min
Réfrigération : 2 h

25 g de pelures de truffes en boîte
4 jaunes d'œufs
20 cl de crème liquide
4 cuill. à café de sucre en poudre
Sel et poivre du moulin

1. Préchauffez le four à 90 °C (th. 3).

2. Versez la crème dans une casserole et portez à frémissement. Ajoutez les pelures de truffes et leur jus, puis mélangez. Laissez tiédir.

3. Fouettez les jaunes d'œufs, une pincée de sel et deux tours de poivre du moulin. Versez la crème truffée sur les œufs et mélangez.

4. Répartissez la préparation dans 8 mini-ramequins plats de 6 cm de diamètre, sur 2 cm d'épaisseur. Placez les ramequins sur une grille et enfournez pendant 30 minutes.

5. Laissez refroidir, puis gardez au frais pendant au moins 2 heures.

6. Saupoudrez les crèmes de sucre et caramélisez-les quelques secondes à la torche à crème brûlée. Gardez au frais jusqu'au moment de servir.

SALADE DE PANAIS
au magret fumé

Pour 4 personnes
Préparation : 20 min
Cuisson : 15 min

90 g de magret fumé tranché
400 g de panais
4 poignées de mâche
1 grenade
3 cuill. à soupe d'huile d'olive
1 filet de vinaigre balsamique
Sel et poivre du moulin

1. Décortiquez la grenade. Réservez une grosse poignée de graines. Épluchez les panais. Taillez-les en petits cubes de 0,5 cm environ. Faites chauffer l'huile à feu vif dans un wok. Quand l'huile est chaude, jetez-y les cubes de panais et faites dorer en remuant constamment pendant 5 minutes environ. Poursuivez la cuisson à feu doux pendant quelques minutes, jusqu'à ce que les panais deviennent tendres et moelleux.

2. Émincez en allumettes la moitié des tranches de magret et ajoutez-les aux panais. Terminez la cuisson (2 minutes environ). Ajoutez les graines de grenade. Salez et poivrez.

3. Servez tiède sur la mâche, répartissez le reste de tranches de magret (dégraissées) et versez le vinaigre balsamique.

SALADE DE CRUDITÉS
et sauce asiatique

Pour 4 personnes
Préparation : 20 min

½ chou blanc ou 1 petit chou-rave
2 belles carottes
1 beau bulbe de fenouil
100 g de pousses de haricots mungo
4 branches de coriandre fraîche
1 gousse d'ail
2 cuill. à soupe de jus de citron vert ou de citron jaune
1 cuill. à soupe de miel
2 cuill. à soupe de sauce soja
1 cuill. à soupe de nuoc-mâm
2 cuill. à soupe d'huile d'arachide
1 cuill. à soupe d'huile de sésame

1. Préparez la sauce : pelez l'ail en prenant soin de retirer le germe. Émincez-le très finement, puis mettez-le dans un bol. Ajoutez la sauce soja, le nuoc-mâm, le miel, 1 cuillerée à soupe de jus de citron, l'huile d'arachide et l'huile de sésame. Réservez.

2. Pelez les carottes, puis râpez-les. Émincez le fenouil et le chou très finement. Arrosez-les avec le reste de jus de citron. Rincez les pousses de haricots mungo. Ciselez la coriandre. Mélangez le tout, ajoutez la sauce et servez.

MILLEFEUILLES DE PORC
et mayonnaise aux pommes

Pour 4 personnes
Préparation : 30 min

8 tranches fines de rôti de porc cuit
1 pomme granny-smith
1 bulbe de fenouil
Quelques grains de raisin frais
1 jaune d'œuf
Le jus de 1/2 citron
1 cuill. à café de moutarde
10 cl d'huile
Sel et poivre du moulin

1. Pelez la pomme, coupez-la en quartiers et ôtez les pépins. Râpez-la, et arrosez-la d'un filet de jus de citron pour l'empêcher de noircir.

2. Dans un bol, mélangez le jaune d'œuf et la moutarde. Versez l'huile en filet en fouettant énergiquement. Dès que la mayonnaise épaissit, ajoutez une cuillerée à café de jus de citron et poursuivez la confection de la sauce. Ajoutez la pomme râpée. Mélangez, salez et poivrez.

3. Lavez le fenouil et ôtez les tiges. Coupez-le en deux, puis émincez-le finement. Arrosez-le du reste de jus de citron.

4. Préparez les millefeuilles en alternant deux fois de suite une tranche de rôti de porc froid, un peu de mayonnaise aux pommes et l'émincé de fenouil. Décorez les millefeuilles de grains de raisin frais coupés en deux.

PAUPIETTES À LA RICOTTA
et aux épinards

Pour 6 personnes
Préparation : 40 min
Cuisson : 15 min

12 fines escalopes de veau
(80 à 100 g chacune)
400 g d'épinards
3 feuilles de sauge
1 œuf
30 g de beurre
300 g de ricotta
50 g de parmesan
fraîchement râpé + 2 cuill.
à soupe de copeaux
pour servir
10 cl de vin blanc sec
2 cuill. à soupe d'huile d'olive
Sel et poivre du moulin

1. Triez, lavez et essorez les épinards. Faites-les revenir 2 à 3 minutes à la poêle, en remuant régulièrement, de sorte que les feuilles s'affaissent. Mettez-les à refroidir dans une passoire et pressez-les fortement pour extraire le maximum d'eau. Hachez-les sommairement au couteau.

2. Réunissez les épinards, la ricotta, le parmesan râpé et l'œuf battu dans un saladier. Salez, poivrez et mélangez bien. Aplatissez les escalopes et garnissez-les d'un peu de farce. Roulez-les, rabattez les extrémités pour former des petits paquets et ficelez-les en croix.

3. Chauffez le beurre et l'huile dans une cocotte, puis faites dorer les paupiettes de tous côtés, à feu moyen, en les retournant régulièrement. Versez le vin blanc, salez et poivrez, ajoutez la sauge, couvrez et laissez mijoter 15 minutes à feu très doux.

4. Servez chaud, parsemé de copeaux de parmesan.

MIGNONS DE PORC
au caramel de soja

Pour 4 à 6 personnes
Préparation : 20 min
Cuisson : 30 min

600 g de filets mignons de porc
1 gousse d'ail
½ cm de gingembre frais
4 cuill. à soupe de sucre blond
1 cuill. à soupe de nuoc-mâm
2 cuill. à soupe de sauce soja
10 cl de bouillon de volaille (frais ou préparé avec du concentré)
1 cuill. à soupe d'huile au goût neutre (maïs ou tournesol)
Sel et poivre du moulin

1. Épluchez et émincez l'ail et le gingembre. Faites fondre le sucre dans une petite casserole, avec 1 cuillerée à soupe d'eau. Laissez cuire ce sirop jusqu'à ce qu'il se transforme en caramel fluide et très clair. Ajoutez le nuoc-mâm, le bouillon et la sauce soja, mélangez et retirez du feu.

2. Salez et poivrez les filets mignons. Faites-les dorer à l'huile dans une cocotte à feu moyen, en les retournant régulièrement de manière à les colorer de tous côtés. Baissez le feu, ajoutez l'ail et le gingembre, puis versez le caramel et retournez plusieurs fois la viande pour bien l'en imprégner. Couvrez et laissez mijoter 30 minutes.

3. Retirez le couvercle et vérifiez la consistance de la sauce : elle doit être sirupeuse et brillante. Si elle est trop épaisse, ajoutez un peu d'eau chaude. Laissez évaporer quelques instants si nécessaire. Tranchez les filets mignons en médaillons et servez aussitôt.

TENDRONS DE VEAU
façon blanquette

Pour 4 personnes
Préparation : 15 min
Marinade : 45 min
Cuisson : 25 min

600 g de tendrons de veau
250 g de petits champignons de Paris frais
1 carotte
½ poireau
1 citron
1 cuill. à soupe de persil haché
20 cl de crème liquide
20 g de beurre
2 cuill. à soupe d'huile d'olive
Sel et poivre du moulin

1. Taillez la viande en morceaux de 5 cm environ. Lavez le poireau et émincez-le. Réunissez dans un saladier la viande et le poireau émincé. Salez, versez l'huile d'olive et pressez le jus du citron. Laissez mariner 45 minutes environ.

2. Épluchez la carotte, coupez-la en deux dans la longueur et émincez-la finement. Réservez. Coupez l'extrémité terreuse des champignons, rincez-les rapidement et coupez-les en deux.

3. Faites fondre une noisette de beurre dans un wok, ajoutez les champignons et laissez cuire à feu vif afin qu'ils rendent leur eau. Salez et poivrez. Réservez les champignons.

4. Sortez les tendrons de la marinade en conservant le poireau. Faites fondre le reste du beurre dans le wok, à feu doux. Ajoutez le veau et le poireau. Laissez cuire 10 minutes à feu vif en remuant régulièrement, puis ajoutez la carotte émincée. Laissez cuire 5 minutes et ajoutez les champignons et la crème. Baissez le feu et poursuivez la cuisson pendant 2 minutes. Rectifiez l'assaisonnement et ajoutez le persil haché.

RAVIOLES DE FROMAGE
de chèvre à l'huile de noix

Pour 4 personnes
Préparation : 35 min
Cuisson : 12 min

16 feuilles de pâte à ravioles chinoises ou 12 feuilles de pâte à lasagne fraîche
10 cl de lait entier
20 cl de crème fleurette
125 g de chèvre frais
125 g de ricotta
½ bouquet de fines herbes au choix (basilic, cerfeuil, persil…)
2 cuill. à soupe de noix ou de noisettes
1 cube de bouillon de volaille
3 cuill. à soupe d'huile de noix ou de noisette
Sel et poivre du moulin

1. Rincez et séchez les fines herbes, puis hachez-les finement. Hachez les noix. Mélangez la ricotta et le fromage de chèvre frais, puis incorporez les fines herbes et les noix hachées. Salez et poivrez.

2. Découpez 16 disques de pâte de 8 cm de diamètre environ à l'aide d'un emporte-pièce. Déposez une noix de préparation au fromage au centre de la moitié des disques. Humidifiez le pourtour à l'aide d'un pinceau et recouvrez des disques de pâte restants. Pressez afin de bien souder les contours.

3. Faites chauffer une grande quantité d'eau bouillante salée avec le cube de bouillon et plongez-y les ravioles. Faites cuire 12 minutes pour la pâte à lasagne, 3 minutes pour la pâte à ravioles chinoises. Égouttez.

4. Versez la crème fleurette et le lait dans une petite casserole, portez à ébullition à feu doux et laissez bouillir 1 minute. Hors du feu, ajoutez l'huile de noix, puis émulsionnez légèrement. Répartissez les ravioles dans 4 assiettes creuses, nappez de sauce et donnez un tour de moulin à poivre.

SOURIS D'AGNEAU
aux abricots

Pour 6 personnes
Préparation : 20 min
Trempage : 1 h
Cuisson : 1 h 30

6 souris d'agneau
(tous les morceaux d'agneau
conviennent pour ce tajine)
2 oignons rouges
2 gousses d'ail
1 cm de gingembre frais
1 petit bouquet de coriandre
18 abricots secs
2 cuill. à soupe d'amandes
mondées
1 pincée de pistils de safran
1 bâtonnet de cannelle
2 morceaux d'écorce d'orange
2 cuill. à soupe de miel
2 cuill. à soupe d'huile
(olive ou arachide)
Sel et poivre du moulin

1. Faites tremper les abricots pendant 1 heure dans un grand bol d'eau froide. Égouttez-les, coupez-les en deux et dénoyautez-les. Épluchez et émincez les oignons et le gingembre. Pelez les gousses d'ail.

2. Mettez l'huile à chauffer dans une cocotte. Jetez-y les amandes et remuez jusqu'à ce qu'elles commencent à dorer. Ajoutez les oignons, l'ail, le gingembre et les épices. Laissez suer 5 minutes à feu doux, en remuant toujours, puis posez les souris d'agneau dans la cocotte. Retournez-les régulièrement pour bien les enrober.

3. Versez assez d'eau pour immerger à moitié la viande, puis portez à petite ébullition. Baissez le feu, couvrez et laissez mijoter 1 heure à feu doux. Ajoutez les abricots et l'écorce d'orange, puis poursuivez la cuisson pendant 20 à 30 minutes. Incorporez le miel, salez et poivrez. Faites éventuellement épaissir légèrement la sauce à découvert, afin de lui donner une consistance sirupeuse. Parsemez de coriandre et servez directement dans la cocotte ou dans un plat à tajine bien chaud.

PENNE
aux aubergines

Pour 4 personnes
Préparation : 35 min
Cuisson : 1 h

2 aubergines
5 gousses d'ail
3 branches de basilic
100 g de ricotta salata
ou de pecorino
300 g de penne
350 g de passata
(coulis de tomates italien)
1 pincée de piment
7 cuill. à soupe d'huile d'olive
1 cuill. à soupe de gros sel
Sel et poivre du moulin

1. Préchauffez le four à 190 °C (th. 6-7). Rincez les aubergines et coupez-les en gros cubes. Mettez-les dans une passoire et faites-les dégorger pendant 30 minutes. Rincez-les et séchez-les. Posez-les sur la plaque du four recouverte de papier sulfurisé, en les alternant avec les gousses d'ail non pelées. Arrosez de 5 cuillerées à soupe d'huile d'olive, salez, poivrez et saupoudrez de piment. Enfournez pour 30 minutes environ ; remuez régulièrement à l'aide d'une spatule en bois.

2. Rincez et séchez le basilic, puis effeuillez-le. Réservez quelques feuilles pour la décoration et hachez le reste. Faites chauffer l'huile restante dans une casserole. Ajoutez la passata et le basilic. Salez, poivrez et faites cuire 30 minutes à feu doux, à demi couvert. Pressez l'ail rôti et ajoutez la pulpe à la préparation, puis mélangez.

3. Faites cuire les penne *al dente* – 9 minutes environ, selon le temps indiqué sur le paquet – dans une casserole d'eau bouillante additionnée de gros sel. Égouttez-les, puis remettez-les dans la casserole. Ajoutez la sauce tomate et les aubergines, et mélangez grossièrement. Servez sans tarder, parsemé de ricotta râpée et de feuilles de basilic.

ESPADON CONFIT
aux oignons nouveaux

Pour 4 à 6 personnes
Préparation : 15 min
Cuisson : 50 min

1 tranche de filet d'espadon de 600 à 700 g, sans la peau
2 bottes d'oignons nouveaux
1 gousse d'ail
1 feuille de laurier
1 cuill. à soupe de piment doux
15 cl d'huile d'olive
Sel et poivre du moulin

1. Épluchez les oignons en prenant soin d'ôter les petites racines et la partie vert foncé de la tige. Pelez la gousse d'ail.

2. Préchauffez le four à 150 °C (th. 5). Rincez l'espadon et épongez-le dans du papier absorbant. Salez et poivrez de tous côtés. Mettez-le dans une cocotte, saupoudrez de piment, puis disposez les petits oignons, la gousse d'ail et le laurier autour. Versez l'huile d'olive, couvrez hermétiquement et enfournez pour 50 minutes environ.

3. Servez chaud, arrosé d'un peu de l'huile de cuisson, ou laissez refroidir dans la cocotte et accompagnez d'une salade.

PURÉE DE NAVETS NOUVEAUX
à la ciboulette

Pour 4 personnes
Préparation : 20 min
Cuisson : 20 min

1 kg de navets nouveaux, avec leurs fanes
60 g de beurre
10 cl de yaourt nature
1 bouquet de ciboulette fraîche
Sel et poivre du moulin

POUR LES ENFANTS SAGES ★★★

1. Pelez les navets (ou grattez-les simplement s'ils sont bien jeunes et tout frais). Prélevez une petite poignée de fanes bien vertes et fraîches. Coupez les navets en deux ou trois, puis hachez grossièrement les fanes.

2. Faites fondre le beurre dans une casserole à fond épais, ajoutez les navets et les fanes, couvrez d'eau à hauteur et laissez cuire à feu doux jusqu'à absorption totale. Salez et poivrez.

3. Ciselez finement la ciboulette et mélangez-la avec le yaourt.

4. Passez le contenu de la casserole et le mélange au yaourt au moulin à légumes ou au mixeur. Goûtez et rectifiez l'assaisonnement.

MAGRET DE CANARD
et navets au miel

POUR LES SOIRÉES D'HIVER ★★★

Pour 4 personnes
Préparation : 10 min
Cuisson : 20 min

2 beaux magrets de canard
500 g de petits navets ronds
3 cuill. à café de miel
Fleur de sel et poivre
du moulin

1. Épluchez les navets et coupez-les en quatre (ou en deux s'ils sont très petits).

2. Sortez les magrets du réfrigérateur 30 minutes avant la cuisson. Coupez-les dans la largeur en tranches de 1 cm environ. Ne retirez surtout pas la peau.

3. Faites chauffer un wok à feu très vif et faites-y saisir quelques minutes les tranches de magret. La viande doit rester saignante. Salez avec un peu de fleur de sel et réservez dans une assiette, en prenant soin de conserver la graisse rendue par le canard dans le wok.

4. Faites saisir les morceaux de navet à feu vif, dans la graisse de canard. Ils doivent commencer à colorer. Salez et poivrez, puis couvrez le wok et laissez cuire les navets à feu doux pendant une dizaine de minutes. Plantez la pointe d'un couteau pour vérifier la cuisson des navets : ils doivent être tendres. Enlevez le couvercle, ajoutez le miel et laissez caraméliser à feu vif, en remuant constamment. Quand les navets sont caramélisés, ajoutez les magrets en tranches, ainsi que le jus qu'ils ont rendu. Salez avec la fleur de sel, poivrez et terminez la cuisson (1 à 2 minutes) à feu vif.

HACHIS PARMENTIER

Pour 4 personnes
Préparation : 30 min
Cuisson : 1 h 10 à 1 h 15

450 g de veau haché
400 g de pommes de terre charlotte
1 oignon
1 gousse d'ail
2 brins de thym
30 g de beurre
25 cl de passata (ou coulis de tomates)
12 cl de vin blanc
1 cuill. à soupe d'huile d'olive
Sel et poivre du moulin

1. Préchauffez le four à 180 °C (th. 6). Pelez l'oignon et émincez-le finement. Pelez l'ail, dégermez-le et hachez-le finement.

2. Faites chauffer l'huile d'olive dans une sauteuse à feu moyen. Faites revenir l'oignon pendant 4 minutes, jusqu'à légère coloration, puis ajoutez l'ail et poursuivez la cuisson 1 à 2 minutes en mélangeant. Ajoutez la viande hachée et faites cuire 5 à 7 minutes en mélangeant. Ajoutez le vin, laissez évaporer pendant 3 minutes, puis ajoutez la passata et le thym. Salez, poivrez et mélangez. Laissez mijoter pendant 30 minutes. Répartissez la préparation dans 4 ramequins ou petits bols.

3. Pelez les pommes de terre, lavez-les et émincez-les finement à l'aide d'un couteau ou d'une mandoline. Séchez-les bien. Déposez les rondelles de pommes de terre en rosace sur la viande. Faites fondre le beurre dans une petite casserole et badigeonnez les pommes de terre de beurre fondu. Enfournez et faites cuire 20 à 25 minutes, jusqu'à ce que les pommes de terre soient dorées et croustillantes.

CAILLES AU JUS
et raisins sautés

Pour 2 personnes
Préparation : 20 min
Cuisson : 40 min

2 cailles prêtes à cuire (350 g environ)
100 g de raisin blanc
100 g de raisin noir
15 g de beurre salé

Pour le jus
½ oignon jaune
2 gousses d'ail
1 branche de romarin
4 cuill. à soupe de Martini® blanc
½ l de bouillon de volaille
2 cuill. à soupe d'huile d'olive
Sel et poivre du moulin

1. Commencez par lever les filets et les cuisses des cailles. Réservez-les. Conservez la carcasse et les ailes pour le jus.

2. Préparez le jus : pelez et émincez l'oignon. Faites chauffer l'huile d'olive dans un wok. Laissez revenir l'oignon jusqu'à légère coloration. Ajoutez les gousses d'ail en chemise, grossièrement écrasées avec le plat d'un gros couteau, la branche de romarin, ainsi que les carcasses coupées en deux et les ailes. Salez, poivrez et faites colorer à feu vif, en remuant de temps en temps. Déglacez avec le Martini® blanc et utilisez une cuillère en bois pour décoller tous les sucs. Laissez évaporer. Versez le bouillon de volaille. Laissez réduire aux trois quarts (comptez 30 minutes environ). Passez le jus au chinois en foulant (à l'aide d'une petite louche ou d'une cuillère) les carcasses et la garniture aromatique pour en extraire tous les sucs.

3. Faites cuire les cailles en commençant par les cuisses, qui nécessitent une cuisson un peu plus longue que les filets : faites fondre le beurre dans un wok, poêlez les cuisses 3 minutes à feu vif, puis poursuivez la cuisson à feu doux pendant 2 minutes. Ajoutez les filets et laissez cuire de nouveau à feu vif 1 minute sur chaque face.

4. Ajoutez les grains de raisin préalablement rincés, poursuivez la cuisson 1 minute supplémentaire et versez le jus. Poivrez. Servez avec de la polenta ou des tagliatelles, ou juste du pain pour saucer.

TARTE AUX ÉPINARDS

Pour 6 à 8 personnes
Préparation : 30 min
Trempage : 1 h
Cuisson : 35 à 40 min

300 g de jeunes épinards
300 g de pâte brisée
3 œufs
30 cl de crème liquide
150 g de chèvre frais
60 g de raisins secs
30 g de pignons de pin
Sel et poivre du moulin

1. Faites tremper les raisins secs pendant 1 heure dans un bol d'eau bouillante, puis égouttez-les sur du papier absorbant.

2. Lavez et essorez les épinards. Mettez-les dans une sauteuse placée sur feu moyen et faites cuire 3 à 4 minutes, en remuant souvent pour que les feuilles s'affaissent. Laissez refroidir dans une passoire. Éliminez le maximum d'eau.

3. Préchauffez le four à 190 °C (th. 6-7) et préparez un moule. Étalez la pâte au rouleau en un disque un peu plus grand que le moule, de 2 à 3 mm d'épaisseur. Soulevez-la délicatement et posez-la dans le moule. Appuyez bien du bout des doigts dans les angles pour la faire adhérer, puis découpez nettement les bords. Piquez le fond avec une fourchette et réservez au réfrigérateur.

4. Écrasez le chèvre à la fourchette. Cassez les œufs, puis battez-les avec la crème. Ajoutez les miettes de chèvre, salez, poivrez et mélangez vivement. Répartissez les épinards et les raisins dans le fond de tarte, versez le mélange aux œufs et parsemez les pignons.

5. Enfournez et faites cuire 30 à 35 minutes, jusqu'à ce que la crème soit prise et la surface dorée. Servez à la sortie du four ou laissez tiédir un peu.

SAUMON MARINÉ TIÈDE

Pour 4 personnes
Préparation : 20 min
Marinade : 2 h minimum
Cuisson : 25 min

320 g de filet de saumon, assez épais, sans la peau (coupé en 2 pavés)
300 g de pommes de terre rattes
3 cuill. à soupe d'aneth haché
1 cuill. à soupe de sucre en poudre
1 cuill. à soupe d'huile d'olive
1 cuill. à soupe de sel
2 cuill. à café de poivre moulu

Pour la sauce gravlax
1 jaune d'œuf
2 cuill. à soupe d'aneth haché
1 cuill. à café de moutarde
1 cuill. à soupe de sucre en poudre
6 cuill. à soupe d'huile au goût neutre
1 cuill. à soupe de vinaigre blanc
1 pincée de sel
1 pincée de poivre moulu

1. Dans un bol, mélangez le sucre, le sel, le poivre et l'aneth haché. Déposez un peu de cette préparation sur un morceau de film alimentaire. Posez-y un pavé de saumon, saupoudrez du mélange à l'aneth et recouvrez-le du deuxième pavé. Enrobez le poisson du reste du mélange. Refermez hermétiquement le film autour du saumon en serrant fermement. Réservez au frais pendant au moins 2 heures (6 heures maximum).

2. Préparez la sauce : dans un bol, mêlez la moutarde et le jaune d'œuf. Versez l'huile en filet progressivement, tout en mélangeant comme pour monter une mayonnaise. Ajoutez le sucre, le sel, le poivre, l'aneth et le vinaigre.

3. Faites cuire les pommes de terre avec leur peau dans de l'eau salée. Sortez le saumon du film alimentaire. Rincez-le sous un filet d'eau froide et épongez-le avec du papier absorbant. Détaillez-le en gros cubes.

4. Faites chauffer un wok à feu vif. Mettez-y les cubes de saumon et saisissez-les très rapidement (2 minutes environ) sur toutes leurs faces. Ils doivent rester crus à cœur. Mettez le saumon dans un plat. Versez l'huile d'olive dans le wok et faites-y dorer les pommes de terre pendant une dizaine de minutes. Nappez les pommes de terre et le saumon de sauce et servez tiède.

ROUGETS
à la niçoise

Pour 4 personnes
Préparation : 30 min
Cuisson : 8 à 10 min

8 filets de rouget
350 g de tomates cerises en grappes
5 cuill. à soupe d'olives noires dénoyautées
½ bouquet de basilic
+ quelques feuilles pour servir
1 brin de thym frais
1 petite gousse d'ail
1 cuill. à soupe de pâte d'anchois (au rayon frais des grandes surfaces)
5 cuill. à soupe d'huile d'olive
1 cuill. à soupe de vinaigre de xérès
Sel et poivre noir du moulin

1. Pelez la gousse d'ail et pressez-la, en ayant pris soin de retirer le germe. Hachez grossièrement les olives noires, puis mixez-les avec l'ail, la pâte d'anchois, le basilic lavé et effeuillé, le vinaigre de xérès et 3 cuillerées à soupe d'huile d'olive.

2. Rincez les tomates cerises. Faites chauffer 1 cuillerée à soupe d'huile d'olive dans une poêle à revêtement antiadhésif. Ajoutez les deux tiers des tomates cerises et le thym, puis faites-les revenir à feu moyen jusqu'à ce qu'elles éclatent légèrement. Coupez les tomates cerises crues en deux.

3. Faites chauffer l'huile d'olive restante dans une poêle et saisissez les filets de rouget côté peau pendant 3 à 5 minutes (vous ne devez pas les faire trop cuire).

4. Servez les filets de rouget avec la pâte d'olive, les tomates cerises crues et cuites, ainsi que le basilic effeuillé.

ENTRECÔTES GRILLÉES
sauce roquefort

Pour 4 personnes
Préparation : 10 min
Cuisson : 12 min

2 belles entrecôtes
de 300 g pas trop épaisses
125 g de roquefort
125 g de fromage blanc épais
4 sucrines
1 cuill. à soupe d'échalote
ciselée
Quelques gouttes de Tabasco®
2 cuill. à soupe d'huile
de pépins de raisin ou
de tournesol
1 cuill. à soupe d'huile d'olive
1 cuill. à café de vinaigre
balsamique
Sel et poivre

1. Coupez les sucrines en deux dans la hauteur. Réunissez dans une jatte le roquefort et le fromage blanc. Écrasez le tout à la fourchette, puis incorporez en fouettant le vinaigre et le Tabasco®. Réservez au frais.

2. Enduisez les entrecôtes d'huile des deux côtés. Faites chauffer un gril en fonte, une grande poêle ou une plancha sur feu modéré. Saisissez les sucrines, face coupée contre la surface chauffante, jusqu'à ce qu'elles soient légèrement colorées. Retirez-les et posez-les dans un plat, salez et poivrez. Arrosez d'huile d'olive et réservez.

3. Augmentez le feu et ajoutez les échalotes, faites chauffer quelques secondes puis posez les entrecôtes dessus. Faites-les cuire vivement 5 minutes de chaque côté. Salez et poivrez en fin de cuisson, posez les entrecôtes sur un plat, couvrez de papier aluminium et laissez-les reposer 2 minutes avant de les couper en deux. Servez les entrecôtes avec les sucrines et la sauce au roquefort bien froide.

SUPRÊME DE PINTADE,
confit d'endives et châtaignes

Pour 4 personnes
Préparation : 30 min
Cuisson : 1 h

4 suprêmes de pintade
5 endives
200 g de châtaignes cuites
1 orange
1 cuill. à soupe de miel
3 cuill. à soupe d'huile d'olive
2 cuill. à soupe de vinaigre de cidre
Sel et poivre du moulin

1. Ôtez la base et les feuilles extérieures des endives, rincez-les et coupez-les en deux dans le sens de la longueur. Pressez l'orange et recueillez le jus.

2. Faites chauffer 2 cuillerées d'huile dans une cocotte. Mettez les endives dans la cocotte, arrosez-les de miel et de jus d'orange, salez, poivrez, couvrez et laissez mijoter à feu doux, en remuant de temps en temps, jusqu'à ce qu'elles soient confites. Ajoutez les châtaignes grossièrement émiettées, puis poursuivez la cuisson 5 minutes.

3. Faites chauffer le reste d'huile dans une poêle et faites cuire les suprêmes. Retirez la volaille et déglacez la poêle avec le vinaigre de cidre. Laissez réduire de moitié et versez la crème. Nappez les suprêmes de sauce et accompagnez-les du confit d'endives.

NAVARIN D'AGNEAU
tout vert

Pour 4 personnes
Préparation : 30 min
Cuisson : 1 h 10

4 souris d'agneau
200 g de petits pois frais écossés
200 g de haricots verts
1 botte d'asperges vertes
1 botte d'oignons nouveaux
1 bouquet de basilic
1 bouquet garni
2 gousses d'ail
10 cl de vin blanc sec
20 cl de bouillon de volaille ou de fond de veau
2 cuill. à soupe d'huile d'olive
Sel et poivre du moulin

1. Réservez une branche de basilic pour servir. Écrasez l'ail avec la paume de la main ou la lame d'un couteau sans l'éplucher. Coupez la tige des oignons nouveaux et retirez la base.

2. Faites colorer les souris d'agneau dans l'huile d'olive dans une grande cocotte à feu vif. Ajoutez les oignons, l'ail et le basilic. Mélangez pendant 1 minute, puis ajoutez le vin blanc et laissez-le s'évaporer presque complètement. Salez et poivrez, ajoutez le bouquet garni, puis versez le fond de veau ou le bouillon de volaille. Couvrez et laissez mijoter à feu doux pendant 1 heure.

3. Équeutez les haricots verts. Épluchez les asperges et retirez la partie dure. Rincez tous les légumes, puis ajoutez-les dans la cocotte et poursuivez la cuisson 5 minutes. Faites réduire légèrement le jus de cuisson si nécessaire. Servez le navarin avec le basilic restant effeuillé.

SOLES MEUNIÈRES

Pour 4 personnes
Préparation : 50 min
Cuisson : 15 min

4 soles
65 g de farine
6 cl d'huile
140 g de beurre
2 citrons
¼ de botte de persil
Sel

1. Préparez les soles : écaillez les poissons de chaque côté en les frottant de la queue vers la tête avec un écailleur ou le dos d'un couteau. Ébarbez (coupez) les nageoires en remontant de la queue vers la tête avec des ciseaux solides. Raccourcissez la queue. Incisez la peau noire au niveau de la queue et pincez-la entre les doigts pour l'arracher entièrement, en protégeant les filets. Retirez les branchies, puis enlevez les viscères et la laitance en grattant délicatement l'intérieur de l'abdomen, de chaque côté, avec une cuillère à sorbet. Rincez les soles sous un filet d'eau froide pour éliminer toutes les traces de sang.

2. Séchez les soles avec du papier absorbant et assaisonnez-les. Farinez-les et tapotez-les pour enlever l'excédent de farine. Faites chauffer deux grandes poêles, avec dans chacune 3 cl d'huile et 20 g de beurre. Dès que le beurre ne mousse plus, déposez les soles dans les poêles, ventre vers le haut. Saisissez-les sur feu vif, puis baissez l'intensité de la chaleur. Faites cuire en arrosant fréquemment de graisse de cuisson. Quand les soles sont bien dorées, retournez-les délicatement avec une spatule large et terminez la cuisson en les arrosant souvent.

3. Dégraissez une des poêles. Si le fond présente des traces de brûlé, prenez une poêle ou une casserole propre. Faites chauffer 100 g de beurre jusqu'à ce qu'il prenne une jolie couleur dorée et sente bon la noisette.

4. Lavez et brossez 1 citron. Cannelez-le, puis tranchez-le et décorez le plat de service de fines tranches de citron. Pressez le second citron. Lavez, épongez et hachez le persil. Parsemez-en les soles, puis arrosez-les de jus de citron. Répartissez le beurre noisette encore bien chaud sur les poissons et déposez une tranche de citron pelé à vif et panée de persil haché sur chaque sole.

MOULES FARCIES

Pour 4 personnes
Préparation : 30 min
Cuisson : 25 min

24 grosses moules d'Espagne
125 g de beurre
2 petites courgettes
1 échalote
2 gousses d'ail
1 pointe de piment fort
1 bouquet de persil
2 cuill. à soupe de chapelure
500 g de gros sel pour le plat
Sel et poivre du moulin

1. Coupez 100 g de beurre en petits morceaux dans une jatte et laissez-le ramollir à température ambiante.

2. Grattez et lavez les moules. Mettez-les dans un faitout, couvrez et faites cuire 3 à 5 minutes à feu vif, en secouant plusieurs fois le récipient, jusqu'à ce que toutes les coquilles soient ouvertes. Laissez tiédir.

3. Épluchez et hachez finement les gousses d'ail. Rincez, épongez et ciselez le persil. Lavez et séchez les courgettes. Éliminez les extrémités, puis coupez-les en dés et hachez-les au robot électrique. Pelez et hachez finement l'échalote. Faites-la fondre doucement avec le reste du beurre, puis ajoutez le hachis de courgettes. Salez, poivrez et poursuivez la cuisson pendant 5 minutes, en remuant souvent. Ajoutez l'ail, le piment et le persil, puis mélangez et laissez refroidir.

4. Malaxez le beurre avec le hachis de courgettes jusqu'à ce que le mélange soit homogène.

5. Préchauffez le four à 240 °C (th. 8) et étalez le gros sel dans un plat à gratin. Enlevez la moitié des coquilles des moules et laissez la chair dans l'autre moitié. Remplissez-les de beurre aux courgettes, poudrez-les de chapelure et rangez-les dans le plat, en les calant dans le sel. Passez au four et servez aussitôt.

BŒUF BRAISÉ

Pour 4 personnes
Préparation : 30 min
Cuisson : 3 h 45

800 g de paleron de bœuf coupé en gros cubes
2 cm de gingembre frais
2 oignons nouveaux
5 gousses d'ail
1 pincée de piment fort
2 cuill. à café de cinq-épices
40 cl de bière ambrée
20 cl de bouillon de bœuf bien chaud de très bonne qualité (facultatif)
25 cl de sauce hoisin (dans les épiceries asiatiques ou au rayon asiatique des grandes surfaces)
3 cuill. à soupe d'huile de pépins de raisin
3 cuill. à soupe de vinaigre de riz
Sel

1. Épluchez et râpez le gingembre. Épluchez l'ail et hachez-le finement, en prenant soin de retirer le germe.

2. Salez les morceaux de bœuf et enrobez-les de cinq-épices. Chauffez l'huile dans une cocotte et faites revenir les morceaux de bœuf de tous les côtés, jusqu'à ce qu'ils soient dorés et caramélisés. Retirez de la cocotte.

3. Hors du feu, déglacez la cocotte avec 15 cl de bière. Raclez bien le fond avec une spatule. Ajoutez l'ail, le gingembre et le piment.

4. Préchauffez le four à 160 °C (th. 5-6). Remettez les morceaux de viande dans la cocotte. Versez le reste de bière, puis le vinaigre. Couvrez et enfournez. Faites cuire pendant 3 heures, en retournant de temps en temps. La viande est cuite lorsqu'elle s'effiloche facilement. Ajoutez un peu de bouillon de bœuf chaud en cours de cuisson si la bière s'évapore trop rapidement.

5. Versez la sauce hoisin, couvrez de nouveau et poursuivez la cuisson 30 minutes. Ajustez l'assaisonnement.

6. Servez avec des nouilles asiatiques et/ou des légumes verts cuits à la vapeur et les oignons nouveaux émincés.

POUR LES SOIRÉES D'HIVER

TOMATES FARCIES

Pour 4 personnes
Préparation : 20 min
Cuisson : 40 min

8 tomates cœur de bœuf
1 gros oignon
2 gousses d'ail
1 bouquet de persil plat
1 bouquet de basilic
2 brins de thym frais
250 g de fromage de chèvre
ou de brebis frais
40 g de parmesan râpé
90 g de pain rassis
2 cuill. à soupe d'huile d'olive
Sel et poivre du moulin

1. Préchauffez le four à 210 °C (th. 7). Huilez un plat à four. Rincez et séchez les tomates, puis coupez le chapeau. Évidez-les à l'aide d'une petite cuillère et posez-les dans le plat.

2. Pelez et hachez grossièrement l'oignon et l'ail, en prenant soin de retirer le germe. Rincez, séchez et effeuillez le persil et le basilic, puis mixez-les avec le fromage de chèvre frais, l'oignon et l'ail. Salez légèrement et poivrez. Remplissez les tomates de ce mélange.

3. Pilez le pain rassis et mélangez-le avec le parmesan. Saupoudrez-en les tomates. Recouvrez les tomates de leur chapeau et arrosez d'huile d'olive. Ajoutez le thym dans le plat.

4. Faites cuire 40 minutes, en arrosant de temps en temps de jus de cuisson.

COURGETTES RONDES FARCIES

Pour 2 personnes
Préparation : 10 min
Cuisson : 30 min

40 g de bœuf ou d'agneau haché
2 courgettes rondes
Quelques lamelles d'oignon
½ verre de riz de Camargue
2 cuill. à soupe d'huile d'olive
Sel et poivre

1. Lavez les courgettes, coupez un chapeau et retirez la chair. Conservez-la. Réservez les courgettes évidées.

2. Faites chauffer l'huile dans une poêle et faites légèrement revenir l'oignon avec la chair des courgettes. Ajoutez la viande hachée jusqu'à obtenir une belle coloration. Incorporez le riz, couvrez avec 1 verre d'eau ou de bouillon de légumes maison, salez et poivrez.

3. Faites cuire jusqu'à obtenir un riz moelleux.

4. Remettez la préparation dans les courgettes et laissez cuire de 10 à 15 minutes au cuit-vapeur.

POUR LES DÎNERS D'ÉTÉ ★★★

LAPIN
au romarin

Pour 6 personnes
Préparation : 20 min
Marinade : 2 h
Cuisson : 1 h 30

6 cuisses de lapin
(ou 6 morceaux de râble)
3 gousses d'ail
1 botte d'oignons nouveaux
2 brins de romarin
15 cl d'huile d'olive
Sel et poivre du moulin

1. Effeuillez et ciselez finement la moitié du romarin, puis mélangez-le à 3 cuillerées à soupe d'huile d'olive.

2. Mettez les morceaux de lapin dans une cocotte. À l'aide d'un pinceau, enduisez-les de tous côtés d'huile au romarin, salez, poivrez et laissez mariner 2 heures au réfrigérateur.

3. Préchauffez le four à 210 °C (th. 7). Glissez-y la cocotte à découvert et faites cuire 15 minutes. Sortez-la du four, puis baissez la température à 150 °C (th. 5).

4. Pelez les gousses d'ail en les laissant entières, puis épluchez les oignons en retirant les petites racines et l'extrémité vert foncé de la tige. Répartissez le tout autour des morceaux de lapin, ajoutez le reste de romarin et d'huile d'olive, puis couvrez hermétiquement. Enfournez à nouveau pour 1 h 15.

5. Sortez les morceaux de lapin et les oignons de la cocotte à l'aide d'une écumoire et mettez-les sur un plat chaud. Servez-les arrosés d'un filet d'huile de cuisson.

RÔTI DE PORC FARCI
aux oignons caramélisés

Pour 6 personnes
Préparation : 40 min
Cuisson : 1 h 25 à 1 h 40

1 morceau de 1,5 kg de porc dans la palette
3 oignons jaunes
3 belles branches de thym
50 g de beurre
180 g de chapelure de pain fraîche
25 cl de marsala
2 cuill. à soupe d'huile d'olive
2 cuill. à soupe de vinaigre de xérès
Sel et poivre du moulin

1. Préparez les oignons caramélisés : pelez les oignons et émincez-les. Faites chauffer 1 cuillerée à soupe d'huile d'olive et 30 g de beurre dans une sauteuse, puis faites revenir les oignons sur feu doux à moyen pendant 15 minutes, en mélangeant de temps en temps, jusqu'à ce qu'ils soient caramélisés. Ajoutez le vinaigre et faites compoter 5 minutes. Salez et poivrez, mélangez avec la chapelure et 1 cuillerée à café de thym effeuillé.

2. Préchauffez le four à 200 °C (th. 6-7). Placez le porc à plat sur le plan de travail et répartissez la farce au centre. Roulez en rôti et ficelez. Salez et poivrez le rôti de tous les côtés.

3. Faites chauffer 1 cuillerée à soupe d'huile d'olive et le beurre restant dans une grande cocotte. Faites dorer le rôti de tous les côtés (comptez 3 à 5 minutes par face). Ajoutez le thym en branche et versez le marsala. Couvrez et enfournez. Faites cuire 50 minutes à 1 heure, en retournant le rôti deux fois. Laissez reposer 10 minutes avant de trancher et de servir.

4. Servez avec une purée de pommes de terre maison ou des petites pommes fruits au four.

PETIT SALÉ
aux lentilles

Pour 4 personnes
Préparation : 25 min
Cuisson : 50 min

2 filets mignons de porc
150 g de lentilles vertes du Puy
150 g de raisin rouge ou moscatel
¼ de chou rouge
2 petits oignons rouges + 1 gros
2 gousses d'ail
1 bouquet garni
1 petit bouquet d'estragon
4 brins de persil plat
1 branche de thym
1 cuill. à soupe de miel d'acacia
10 cl d'huile d'olive
3 cuill. à soupe de vinaigre de xérès
Sel et poivre noir du moulin

1. Mettez les lentilles dans une casserole et couvrez de deux fois leur volume d'eau froide (2 verres environ). Salez, ajoutez le bouquet garni et portez à ébullition. Baissez le feu, couvrez partiellement et laissez cuire à feu doux 20 minutes environ (les lentilles doivent être *al dente*).

2. Faites revenir les filets mignons de tous les côtés dans une cocotte avec 1 cuillerée à soupe d'huile d'olive pendant 8 minutes environ. Ajoutez les gousses d'ail entières non pelées et le thym, ainsi que 5 cl d'eau. Salez et poivrez, couvrez et laissez cuire 20 minutes, en retournant de temps en temps. Ajoutez un peu d'eau si nécessaire.

3. Pendant ce temps, retirez la côte centrale du chou, puis émincez-le finement. Pelez les oignons et émincez-les très finement. Rincez et séchez rapidement le raisin, puis coupez les grains en deux. Rincez, séchez, effeuillez et hachez grossièrement l'estragon et le persil.

4. Mélangez le vinaigre, le miel et l'huile d'olive dans un bol. Salez et poivrez. Mélangez les lentilles chaudes avec cette vinaigrette, le chou, les oignons émincés et les raisins. Coupez les filets mignons en tranches épaisses et posez-les sur la salade de lentilles. Parsemez d'estragon et de persil.

BOUILLABAISSE
glacée

8 filets de rougets barbets
8 tomates en grappe bien parfumées
2 ½ gousses d'ail
1 oignon
2 branches de thym frais
20 g de beurre
130 g de mie de pain (ciabatta par exemple)
6 cuill. à soupe d'huile d'olive
4 cuill. à soupe de vinaigre de xérès
Sel et poivre du moulin

1. Incisez la base des tomates en forme de croix à l'aide d'un couteau. Plongez-les dans une grande quantité d'eau bouillante pendant 30 secondes. Égouttez-les et passez-les sous l'eau froide pour arrêter la cuisson. Pelez-les délicatement, puis coupez-les en quatre et épépinez-les.

2. Pelez les gousses d'ail et coupez en deux celles qui sont entières en les dégermant. Épluchez et coupez l'oignon en quatre. Mettez les tomates, l'oignon, 4 demi-gousses d'ail, le thym et 50 g de mie de pain dans un saladier. Arrosez de 4 cuillerées à soupe d'huile d'olive et de vinaigre de xérès, salez et poivrez. Couvrez et laissez mariner au frais 12 heures.

3. Faites dorer 80 g de mie de pain dans 1 cuillerée à soupe d'huile d'olive dans une poêle antiadhésive. Laissez refroidir, puis mixez avec la demi gousse d'ail restante dégermée pour obtenir une chapelure. Réservez.

4. Sortez la bouillabaisse du réfrigérateur, retirez le thym, les gousses d'ail (ne laissez qu'une demi-gousse) et l'oignon, puis mixez la préparation très finement. Réservez au frais.

5. Faites chauffer le beurre et l'huile d'olive restante dans une poêle antiadhésive, puis saisissez les filets de rougets côté peau pendant 3 à 5 minutes. Servez sur la soupe bien froide avec un peu de chapelure à l'ail.

COQ
au riesling

Pour 4 personnes
Préparation : 15 min
Cuisson : 1 h 40

1 jeune coq de 1,5 kg
ou 1 poulet
3 échalotes
1 carotte
3 branches de persil
1 branche de thym
1 feuille de laurier
1 cube de bouillon de volaille
1 cuill. à soupe de farine
20 g de beurre
1 cuill. à soupe d'huile
de tournesol
50 cl de riesling
Sel et poivre

1. Faites découper la volaille en morceaux par le boucher. Épluchez et hachez les échalotes. Épluchez la carotte et coupez-la en dés. Lavez et équeutez le persil. Ficelez-le avec le thym et le laurier. Réservez.

2. Mettez la farine dans une assiette et farinez tous les morceaux de volaille.

3. Faites fondre le beurre dans une cocotte, ajoutez l'huile et faites dorer à feu moyen les morceaux de volaille sur toutes les faces pendant 5 minutes. Retirez les morceaux, remplacez-les par les échalotes et la carotte, faites-les revenir pendant 3 minutes en remuant.

4. Remettez la viande dans la cocotte, salez légèrement (le cube de bouillon est salé), poivrez, puis versez le riesling et un peu d'eau pour couvrir les morceaux de viande. Ajoutez le cube de bouillon et le bouquet garni. Laissez mijoter à feu doux pendant 1 heure 30.

5. Servez très chaud dans la cocotte.

FRICADELLES

Pour 4 personnes
Préparation : 25 min
Cuisson : 30 min

500 g de viande de porc hachée
500 g de viande de veau hachée
1 œuf
20 cl de lait
100 g de beurre
33 ml de bière brune
2 grandes tranches de pain de mie sans croûte
1 oignon
1 cuill. à soupe de farine
1 cuill. à café de noix de muscade moulue
2 cuill. à soupe de persil plat haché
2 cuill. à soupe d'huile de tournesol
Sel et poivre du moulin

1. Faites ramollir le beurre en le laissant à température ambiante.

2. Versez le lait dans un grand bol et trempez le pain de mie pendant 30 secondes. Essorez-le et placez-le dans un saladier. Ajoutez l'œuf, le persil, le porc, le veau et la noix de muscade. Salez et poivrez. Mélangez bien.

3. Faites revenir l'oignon émincé dans une poêle avec 1 cuillerée d'huile, puis incorporez-le au mélange précédent.

4. Humidifiez vos mains et formez des boulettes de taille moyenne.

5. Faites chauffer 80 g de beurre et 1 cuillerée d'huile dans une sauteuse. Faites-y dorer les boulettes. Ajoutez la bière et portez à ébullition. Baissez le feu et laissez mijoter 20 minutes, puis dressez les boulettes sur un plat de service.

6. Préparez un beurre manié en mélangeant le reste du beurre et la farine. Dans une casserole, liez la sauce avec un fouet en incorporant le beurre manié. Versez-la dans une saucière ou un bol et servez avec les fricadelles.

BŒUF BOURGUIGNON

Pour 6 personnes
Préparation : 15 min
Cuisson : 3 h 10

2 kg de paleron
3 cuill. à soupe de farine
75 cl de vin rouge
de Bourgogne
1 bouquet garni
(thym, persil, laurier,
1 tige verte de poireau)
1 carré de chocolat noir
2 cuill. à soupe d'huile
au goût neutre
50 g de beurre
Sel et poivre du moulin
Pour luter la cocotte
100 g de farine

1. Préchauffez le four à 160 °C (th. 5-6). Coupez le paleron en morceaux. Faites chauffer le beurre et l'huile dans une grande cocotte, mettez-y les morceaux de bœuf et saisissez-les de tous les côtés.

2. Saupoudrez la viande de farine et remuez, puis mouillez avec le vin. Salez et poivrez. Ajoutez le bouquet garni et le chocolat, puis fermez la cocotte avec son couvercle.

3. Formez une boule de pâte avec la farine et 10 cl d'eau, étirez-la en un long boudin et disposez ce dernier autour du couvercle pour luter la cocotte, c'est-à-dire la fermer hermétiquement. Laissez cuire pendant 3 heures.

4. Au terme de la cuisson, retirez le couvercle, ainsi que le bouquet garni. Servez le bœuf bourguignon, dans la cocotte si vous le souhaitez, accompagné d'une bonne purée.

QUENELLES
aux cèpes

Pour 4 personnes
Préparation : 30 min
Cuisson : 40 min

200 g de cèpes frais
(ou 20 g séchés)
800 g de pommes de terre
bintje, cuites à la vapeur
1 gousse d'ail
1 bouquet de persil plat
1 jaune d'œuf
40 g de beurre
70 g de parmesan
fraîchement râpé
2 cuill. à soupe d'huile d'olive
extra-vierge
Sel et poivre du moulin

1. Épluchez et écrasez la gousse d'ail. Hachez les feuilles de persil. Faites gonfler les cèpes dans un bol d'eau bouillante salée pendant 5 minutes, puis égouttez-les et coupez-les en fines lamelles. Gardez leur eau de végétation. Préchauffez le four à 200 °C (th. 6-7).

2. Faites cuire les pommes de terre non pelées à l'autocuiseur, 20 minutes à partir du sifflement. Dans une poêle, versez l'huile et faites-y revenir l'ail. Ajoutez les cèpes (attention aux projections), une petite louche de leur eau de végétation, le persil, du sel et du poivre. Faites cuire pendant 5 minutes, en mélangeant régulièrement, puis éteignez, ôtez la gousse d'ail et réservez la sauce.

3. Pelez les pommes de terre cuites et passez-les au presse-purée. Mettez-les dans un saladier et mélangez-les avec le jaune d'œuf, du sel et du poivre. Incorporez la sauce aux cèpes à la purée de pommes de terre, ajoutez 15 g de beurre, 20 g de parmesan, du sel et du poivre. En vous aidant de 2 cuillères, formez les quenelles aux cèpes et déposez-les dans un plat allant au four. Parsemez le parmesan et le beurre restants, puis passez au four 20 minutes. Servez bien chaud.

TRUITE
aux amandes

Pour 4 personnes
Préparation : 30 min
Cuisson : 30 min

8 filets de truite de mer (150 g chacun)
1 citron non traité
2 branches de menthe
3 branches de persil
1 gousse d'ail
125 g d'amandes entières mondées
125 g de mie de ciabatta
10 cl d'huile d'olive
Sel et poivre du moulin

1. Préchauffez le four à 210 °C (th. 7). Émiettez la ciabatta très grossièrement, étalez-la sur la plaque du four, arrosez de 1 cuillerée à soupe d'huile et faites dorer au four 10 minutes environ, en retournant régulièrement.

2. Faites dorer les amandes à sec dans une poêle antiadhésive pendant 3 à 5 minutes, en secouant la poêle régulièrement.

3. Rincez le persil et séchez-le. Lavez le citron et séchez-le. Râpez le zeste finement. Pelez l'ail, hachez-le finement en retirant le germe. Dans le bol d'un robot, rassemblez les amandes, la ciabatta, le persil, 1 branche de menthe, le zeste du citron, l'ail haché, du sel et du poivre. Mixez grossièrement en ajoutant 4 cuillerées à soupe d'huile d'olive.

4. Étalez les filets de truite sur le plan de travail. Salez et poivrez. Répartissez la farce sur quatre d'entre eux et recouvrez des quatre autres. Ficelez. Disposez dans un plat à four et arrosez de 2 cuillerées à soupe d'huile d'olive. Faites rôtir 15 minutes environ, jusqu'à ce que la peau du poisson soit dorée et croustillante.

5. Pendant ce temps, préparez la sauce : rincez rapidement et séchez le reste de menthe. Hachez-le finement. Pressez le citron, mélangez-le avec l'huile d'olive restante et la menthe. Salez et poivrez. Servez avec la truite.

TAGLIATELLES
de courgettes

Pour 4 personnes
Préparation : 15 min
Cuisson : 20 min

2 courgettes
4 feuilles de basilic
200 g de penne
1/2 cube de bouillon
de volaille
2 cuill. à soupe d'huile d'olive
1 cuill. à soupe de pignons
de pin grillés
Sel et poivre

1. Lavez les courgettes, séchez-les, puis épluchez-les à l'aide d'un rasoir à légumes ou d'un économe pour obtenir des tagliatelles.

2. Portez une grande quantité d'eau à ébullition dans une casserole, délayez le demi-cube de bouillon et ajoutez les tagliatelles de courgettes. Laissez reprendre l'ébullition, comptez environ 1 minute de cuisson (plus ou moins selon votre goût), retirez les courgettes à l'aide d'une écumoire et égouttez-les.

3. Portez à nouveau l'eau de cuisson à ébullition et plongez-y les pâtes. Laissez-les cuire le temps indiqué sur l'emballage, puis égouttez-les.

4. Versez les pâtes et les courgettes dans un grand plat, salez, poivrez, arrosez d'huile d'olive, parsemez de basilic ciselé et servez aussitôt.

POT-AU-FEU

Pour 8 personnes
Préparation : 30 min
Cuisson : 3 h 10

1 kg de plat-de-côtes
1 kg de gîte-gîte
1 jarret de veau
2 os à moelle
2 carottes
1 petit poireau
1 branche de céleri
2 oignons
2 gousses d'ail
1 bouquet garni
2 clous de girofle
20 grains de poivre noir
Gros sel de mer

Pour les légumes
9 pommes de terre
8 carottes
8 navets
8 petits topinambours
4 poireaux
1 boule de céleri
Sel et poivre du moulin

Pour servir
Cornichons
Pain de campagne
Moutarde à l'ancienne
Fleur de sel

1. Mettez les trois viandes dans un grand faitout, couvrez largement d'eau froide et amenez à ébullition. Pendant ce temps, préparez les aromates. Pelez les gousses d'ail. Épluchez les oignons et piquez chacun d'eux d'un clou de girofle. Pelez les carottes et coupez-les en tronçons. Nettoyez le poireau, parez-le et coupez-le en deux. Ficelez le bouquet garni avec le poireau et la branche de céleri, elle aussi coupée en deux.

2. Quand le liquide atteint l'ébullition, laissez bouillir 5 minutes en écumant, puis ajoutez les aromates, le bouquet ficelé, du gros sel et les grains de poivre. Couvrez et laissez frémir pendant 2 heures. Retirez le jarret de veau et réservez-le au chaud dans un peu de bouillon. Poursuivez la cuisson des autres viandes pendant 1 heure.

3. Préparez les légumes d'accompagnement : pelez-les et faites-les cuire, excepté les pommes de terre, dans une grande casserole pleine d'eau bouillante salée pendant environ 20 minutes. Égouttez-les, remettez-les dans la casserole avec 2 louches de bouillon, couvrez et laissez mijoter à feu doux.

4. Faites cuire les pommes de terre à part pendant 20 minutes dans de l'eau bouillante salée. Par ailleurs, faites cuire les os à moelle dans du bouillon pendant 10 minutes environ.

5. Servez le pot-au-feu dans des assiettes chaudes avec des cornichons, du pain de campagne grillé, de la fleur de sel et de la moutarde à l'ancienne.

CLUB SANDWICHS

Pour 20 sandwichs
À préparer à l'avance
Préparation : 40 min
Cuisson : 30 min
Réfrigération : 1 h

500 g de blancs de poulet
6 fines tranches de poitrine de porc (ou de bacon)
1 tomate cœur de bœuf
8 feuilles de laitue
3 œufs + 1 jaune
10 tranches de pain de mie
1 cuill. à café de moutarde
25 cl d'huile d'arachide
Sel et poivre du moulin

1. Préparez la mayonnaise : dans un petit saladier, mélangez au fouet le jaune d'œuf, la moutarde, du sel et du poivre. Versez peu à peu un filet d'huile jusqu'à l'obtention d'une consistance ferme.

2. Enveloppez individuellement les blancs de poulet dans un film alimentaire transparent. Serrez et fermez bien de manière à obtenir un boudin. Pochez-les dans une casserole d'eau bouillante pendant 20 minutes. Conservez le poulet enveloppé au réfrigérateur pendant 1 heure.

3. Plongez délicatement les œufs entiers dans l'eau bouillante et laissez cuire 10 minutes chrono. Sortez les œufs durs, puis plongez-les dans de l'eau très froide. Réservez. Lavez, essorez et émincez la laitue. Rincez, séchez, puis coupez la tomate en très fines tranches. Épépinez-les et égouttez-les sur du papier absorbant. Déposez-les sur une assiette et réservez.

4. Faites griller la poitrine de porc dans une poêle, puis coupez les tranches en deux. Émincez ensuite les escalopes de poulet en très fines tranches, puis coupez les œufs durs en fines rondelles. Enfin, toastez 2 tranches de pain de mie.

5. Déposez la première tranche de pain sur une planche. Tartinez-la de mayonnaise, disposez la chiffonnade de laitue, intercalez successivement le poulet, les tranches de tomate, la poitrine de porc, les rondelles d'œufs durs et de nouveau de la laitue. Recouvrez de la seconde tranche de pain que vous tartinerez au préalable de mayonnaise. Pressez légèrement, déposez deux piques aux deux extrémités et coupez le club sandwich en deux dans le sens de la diagonale de manière à obtenir de beaux triangles identiques. Procédez de la même façon jusqu'à épuisement de la garniture.

TARTARE CLASSIQUE

Pour 4 personnes
Préparation : 10 min

600 g de viande
de bœuf coupée au couteau
1 oignon
1 bouquet de persil plat
2 jaunes d'œufs
2 cuill. à café de moutarde
2 cuill. à soupe de câpres
au vinaigre
2 cuill. à café de sauce
Worcestershire
2 cuill. à soupe de ketchup
4 cuill. à soupe d'huile
d'olive vierge extra
Tabasco®
Sel et poivre du moulin

1. Lavez et hachez les feuilles de persil ; réservez.

2. Pelez et hachez l'oignon ; rincez et égouttez les câpres ; réservez.

3. Dans un bol, mélangez la moutarde, les jaunes d'œufs, l'oignon, les câpres, le ketchup, quelques gouttes de Tabasco®, la sauce Worcestershire, du sel et du poivre. Ajoutez l'huile d'olive en remuant avec un fouet.

4. Versez la préparation sur la viande et mélangez intimement, puis ajoutez le persil et remuez de nouveau.

5. Dressez sur 4 assiettes et servez.

OMELETTE

Pour 2 personnes
Préparation : 5 min
Cuisson : 5 min

5 œufs
1 cuill. à soupe de crème fraîche
30 g de beurre
Sel et poivre

1. Fouettez les œufs avec la crème, du sel et du poivre.

2. Faites chauffer le beurre dans une poêle, puis versez les œufs dans la poêle chaude. Mélangez à la fourchette, raclez les bords et laissez prendre légèrement. Pliez l'omelette en deux et glissez-la ou retournez-la dans une assiette.

POUR LES TRÈS PRESSÉS ★★★

POULET
purée

Pour 4 personnes
Préparation : 30 min
Cuisson : 55 min à 1 h 10

1 poulet de 1,2 kg découpé en morceaux
900 g de pommes de terre bintje
1 petit bouquet d'estragon
30 cl de lait entier
100 g de beurre mou
90 g de beurre demi-sel
70 g de parmesan fraîchement râpé
Sel et poivre noir du moulin

1. Préchauffez le four à 180 °C (th. 6). Rincez l'estragon et séchez-le. Hachez-le finement. Travaillez le beurre mou en pommade à l'aide d'une spatule, puis mélangez-le avec l'estragon haché. Salez et poivrez.

2. Soulevez délicatement la peau des morceaux de poulet et étalez le beurre entre la peau et la chair. Disposez les morceaux dans un plat à four et faites cuire 45 minutes à 1 heure, jusqu'à ce que la peau soit dorée.

3. Pendant ce temps, pelez les pommes de terre, lavez-les et coupez-les en gros morceaux. Faites-les cuire 20 à 30 minutes selon la taille, dans une casserole d'eau bouillante salée. Faites chauffer le lait. Égouttez les pommes de terre, puis écrasez-les au presse-purée en ajoutant du lait au fur et à mesure, jusqu'à l'obtention d'une texture souple mais pas liquide. Incorporez le beurre demi-sel, puis le parmesan râpé.

4. Servez le poulet avec la purée, arrosée du beurre de cuisson du poulet.

CROQUE-MONSIEUR
gratiné

Pour 4 personnes
Préparation : 20 min
Cuisson : 30 min

8 tranches de pain de mie blanc assez épaisses (10 à 12 cm de côté)
4 tranches très fines de jambon blanc
60 g de beurre ramolli
2 cuill. à soupe de fromage râpé (type gruyère)
4 fines tranches de fromage fondu
10 cl de lait demi-écrémé
10 g de farine
Sel et poivre

1. Beurrez légèrement chaque tranche de pain sur une face. Sur 4 d'entre elles, déposez 1 tranche de fromage fondu et 1 tranche de jambon blanc pliée en deux. Recouvrez d'une autre tranche de pain, face beurrée contre le jambon. Réservez.

2. Préchauffez le gril du four à 180 °C (th. 6).

3. Préparer la béchamel : faites fondre 10 g de beurre dans une casserole, versez la farine et remuez vivement avec un fouet. Faites cuire 2 minutes sur feu doux, sans cesser de remuer. Lorsque le mélange est lisse, retirez la casserole du feu et versez doucement le lait en remuant. Remettez ensuite sur feu doux une dizaine de minutes, en remuant toujours. Salez et poivrez, incorporez le fromage râpé et mélangez sans laisser bouillir.

4. Déposez les croque-monsieur sur la grille du four. Placez-les sous le gril de manière qu'ils dorent d'un côté, sortez-les, retournez-les, puis nappez-les copieusement de béchamel au fromage. Repassez-les sous le gril pendant quelques minutes pour faire gratiner, en veillant bien à ce que la sauce ne brunisse pas. Servez bien chaud.

HAMBURGER XXL

Pour 4 personnes
Préparation : 20 min
Cuisson : 20 min

4 pains à hamburger
400 g de bœuf haché
8 tranches de bacon
1 tomate
60 g d'oignon
1 grande feuille de salade
2 œufs
8 tranches de fromage fondu spécial hamburger (cheddar)
1 cuill. à café d'origan
8 cuill. à soupe de mayonnaise
8 cuill. à soupe de ketchup
2 cuill. à soupe d'huile d'olive
Sel et poivre du moulin

1. Mélangez la mayonnaise, le ketchup et l'oignon haché au couteau. Lavez, épépinez, puis coupez la tomate en petits dés. Lavez la salade et coupez-la en morceaux. Battez les œufs en omelette avec du sel et du poivre.

2. Préchauffez le four à 180 °C (th. 6). Séparez les pains en deux, disposez-les sur la grille du four recouverte de papier aluminium et tartinez-les de sauce ketchup-mayonnaise (réservez-en une partie pour la finition). Sur les fonds, répartissez la salade puis, les dés de tomate. Réservez.

3. Façonnez 4 steaks de bœuf assez plats. Poivrez et parsemez d'origan. Chauffez l'huile dans une sauteuse et faites-y d'abord griller le bacon. Réservez puis, à la place, faites revenir les steaks (préférez une cuisson à point, car ils finiront de cuire au four). Salez et réservez. À la place, faites cuire l'omelette et coupez-la ensuite en morceaux.

4. Garnissez successivement les pains d'une tranche de bacon, d'une tranche de fromage et d'un steak. Tartinez-les d'un peu de sauce restante, puis ajoutez l'omelette, une tranche de bacon, une tranche de fromage et recouvrez avec les chapeaux. Enfournez pour 10 minutes environ et servez aussitôt.

CLAFOUTIS
aux cerises noires

Pour 6 personnes
Préparation : 10 min
Cuisson : 35 min

500 g de cerises noires
4 œufs
30 cl de lait
10 cl de crème liquide entière
60 g de beurre + un peu pour le plat
100 g de farine
140 g de sucre en poudre
20 g de sucre vanillé
1 pincée de sel

1. Rincez et séchez les cerises. Équeutez-les, sans les dénoyauter. Cassez les œufs dans un bol et battez-les à la fourchette avec la crème. Faites fondre le beurre.

2. Préchauffez le four à 180 °C (th. 6). Beurrez un plat à gratin de 4 cm de haut (30 x 20 ou 28 cm de diamètre).

3. Mélangez la farine, le sel et les sucres dans un grand bol, creusez le centre et versez progressivement les œufs en remuant vivement. Délayez lentement avec le lait, puis ajoutez le beurre fondu, sans cesser de remuer, jusqu'à l'obtention d'une pâte lisse et onctueuse.

4. Versez la pâte dans le plat, puis répartissez les cerises et enfournez. Faites cuire 35 à 40 minutes.

PANNA COTTA COCO
et coulis mangue-Passion

Pour 4 personnes
À préparer à l'avance
Préparation : 30 min
Cuisson : 20 min
Réfrigération : 8 h

1 mangue
1 fruit de la Passion
1 orange
50 cl de crème liquide
10 cl de lait de coco
3 feuilles de gélatine
60 g de sucre en poudre

Pour les tuiles à l'orange
10 cl de jus d'orange
80 g de beurre fondu
100 g de sucre en poudre
100 g de cassonade
80 g de farine

1. Faites ramollir les feuilles de gélatine dans un bol d'eau froide.

2. Chauffez la crème, le lait de coco et le sucre dans une casserole à feu doux. Ôtez du feu et ajoutez la gélatine essorée. Mélangez bien. Disposez une feuille de papier sulfurisé dans un plat à four et versez-y la préparation. Laissez au frais pendant 8 heures.

3. Pelez la mangue et prélevez la pulpe du fruit de la Passion. Prélevez quatre bandes de mangue avec un couteau à julienne, pour la décoration. Mixez le reste avec le jus de l'orange.

4. Préchauffez le four à 200 °C (th. 6-7). Pour les tuiles, mélangez dans un saladier le sucre, la cassonade et la farine, puis incorporez doucement le jus d'orange et le beurre fondu. Faites des tas ronds sur une feuille de papier sulfurisé et enfournez pour 5 minutes environ. À la sortie, décollez-les immédiatement et déposez-les sur une forme arrondie (rouleau à pâtisserie).

5. Démoulez doucement la panna cotta et coupez-la à l'aide d'un emporte-pièce. À l'aide d'une petite cuillère, faites des cercles de coulis sur chaque assiette. Déposez sur la panna cotta une bande de mangue. Déposez au-dessus quelques tuiles, les bouts relevés vers le ciel pour former plusieurs « U ».

COULANTS AU CHOCOLAT
aux rochers pralinés

Pour 10 verrines
Préparation : 15 min
Cuisson : 10 min
Réfrigération : 1 h

5 œufs
200 g de beurre
250 g de chocolat à pâtisser
10 mini-rochers pralines au lait Suchard®
180 g de sucre en poudre
1 cuill. à soupe de farine

1. Dans une casserole, faites fondre le chocolat et le beurre en morceaux à feu doux. Hors du feu, ajoutez le sucre, mélangez, puis cassez et incorporez les œufs un par un. Fouettez énergiquement, puis terminez par la farine.

2. Remplissez chaque verrine à moitié, déposez un rocher et recouvrez-le de la préparation jusqu'aux trois quarts du contenant. Placez les verrines au réfrigérateur de 30 minutes à 1 heure.

3. Préchauffez votre four à 180 °C (th. 6), enfournez les verrines et faites cuire 10 minutes. Servez.

CHOUX
à la crème

Pour 4 personnes
Préparation : 40 min
Cuisson : 35 à 40 min

Pour les choux
3 œufs
12,5 cl de lait
100 g de beurre
150 g de farine
10 g de sucre en poudre
1 pincée de sel

Pour la crème
3 œufs
25 cl de lait entier
15 cl de crème liquide très froide
90 g de praliné (en pâte, dans les boutiques pour professionnels de la pâtisserie, ou en tablette, comme le chocolat)
30 g de Maïzena®
50 g de sucre en poudre

Pour le caramel
2 gouttes de jus de citron
200 g de sucre en poudre

1. Préparez la crème : portez le lait à ébullition. Fouettez les œufs avec le sucre jusqu'à ce qu'ils blanchissent. Ajoutez la Maïzena®, puis versez le lait peu à peu sans cesser de mélanger. Reversez dans la casserole et faites épaissir à feu doux 5 à 8 minutes, en remuant avec une cuillère en bois. Incorporez le praliné. Filmez et laissez refroidir.

2. Fouettez la crème liquide bien froide en chantilly ferme, puis incorporez-la délicatement à la crème pâtissière pralinée à l'aide d'une spatule souple. Filmez et réservez au réfrigérateur.

3. Préchauffez le four à 200 °C (th. 6-7). Coupez le beurre en morceaux, puis mettez-le dans une casserole avec 12,5 cl d'eau, le lait, le sel et le sucre. Portez à ébullition puis, hors du feu, versez la farine en une seule fois. Mélangez vigoureusement, puis remettez sur le feu et faites dessécher pendant 2 minutes. Laissez refroidir.

4. Ajoutez les œufs un à un, en mélangeant bien à chaque fois, jusqu'à obtenir une pâte souple et homogène. Transférez la préparation dans une poche à douille et déposez des noix de pâte sur une plaque recouverte de papier cuisson en les espaçant bien. Faites cuire 15 à 20 minutes, jusqu'à ce que les choux soient dorés. Laissez refroidir sur une grille. Incisez légèrement le dessous des choux, puis garnissez-les.

5. Préparez le caramel : faites cuire le sucre, le jus de citron et 1 cuillerée à café d'eau. Quand le liquide est ambré, trempez le dessus des choux dedans et posez-les sur une grille. Dégustez dès que le caramel est sec.

TARTE AU CITRON
en verrines

Pour 4 à 6 personnes
Préparation : 25 min
Cuisson : 15 min
Réfrigération : 2 h

6 shortbreads (au rayon biscuits des grandes surfaces)

Pour la crème au citron
5 citrons non traités
4 gros œufs
100 g de beurre doux
220 g de sucre en poudre

Pour la meringue
3 blancs d'œufs
150 g de sucre en poudre
1 pincée de sel

1. Confectionnez la crème au citron : préparez un bain-marie dans une casserole. Lavez et séchez les citrons. Râpez très finement le zeste de 3 citrons et mélangez-le avec le sucre dans un grand bol. Pressez les citrons et récupérez 18 cl de jus. Ajoutez les œufs au sucre en fouettant avec un fouet à main, puis versez le jus des citrons. Placez sur le bain-marie (l'eau doit être frémissante mais pas bouillante, et le bol ne doit pas toucher le fond de la casserole ni l'eau). Faites épaissir, sans cesser de fouetter, pendant 10 minutes environ. Le fouet doit laisser des traces dans la crème. Si vous disposez d'un thermomètre alimentaire, la préparation doit atteindre 82 °C. Passez la préparation au chinois et ajoutez le beurre en petits morceaux dans la crème encore chaude en fouettant. Laissez tiédir.

2. Émiettez les shortbreads au fond de verrines, puis répartissez la crème au citron. Réservez au réfrigérateur pendant 2 heures minimum.

3. Juste avant de servir, préchauffez le four à 240 °C (th. 8). Préparez la meringue : battez les blancs en neige assez ferme avec le sel, puis ajoutez le sucre en pluie en fouettant. Continuez de fouetter pendant 3 minutes. Étalez la meringue sur la crème au citron et passez au four 3 minutes, jusqu'à ce que le dessus de la meringue soit légèrement doré.

MINI-PANIERS À CROQUER
aux fruits de saison

Pour 10 pièces
Préparation : 1 h 30
Cuisson : 12 min
par fournée

400 g de fruits de saison
10 feuilles de menthe
ou de basilic
4 blancs d'œufs
20 cl de crème liquide
125 g de beurre
1 cuill. à soupe
de mascarpone
1 gousse de vanille
125 g de farine
125 g de sucre en poudre
2 cuill. à soupe de sucre glace

1. Coupez la gousse de vanille en deux dans le sens de la longueur et grattez l'intérieur avec la pointe d'un couteau pour en extraire les graines. Déposez-les dans un saladier et travaillez-les avec le beurre ramolli et le sucre. Ajoutez progressivement les blancs d'œufs légèrement battus et la farine.

2. Faites chauffer votre plaque à pâtisserie 10 minutes au four afin de pouvoir étaler la pâte plus facilement. Recouvrez la plaque de papier sulfurisé. Avec le dos d'une cuillère à soupe, étalez 3 cuillerées de pâte en formant des cercles de 12 cm de diamètre environ.

3. Préchauffez votre four à 180 °C (th. 6), puis faites cuire 10 à 12 minutes, jusqu'à ce que les tuiles soient légèrement dorées. À la sortie du four, décollez-les très rapidement avec une spatule et pressez-les délicatement entre 2 moules à tartelette préalablement chauffés pour faciliter la réalisation de la forme. Réservez. Répétez l'opération jusqu'à fabrication des 10 tuiles.

4. Montez la crème liquide en chantilly, ajoutez le sucre glace et le mascarpone. À l'aide d'une poche à douille, garnissez les paniers de crème légère et disposez harmonieusement les fruits frais coupés en morceaux. Décorez de petites feuilles de menthe ou de basilic et conservez au réfrigérateur jusqu'au moment de servir.

RIZ AU LAIT

Pour 4 personnes
Préparation : 15 min
Cuisson : 50 min

1 l de lait entier
30 cl de crème liquide
120 g de riz rond
60 g de sucre en poudre
1 gousse de vanille

Pour le coulis Passion (ou mangue)
12 fruits de la Passion (ou 1 mangue bien mûre)
1 cuill. à soupe de jus de citron vert
2 cuill. à soupe de cassonade

1. Portez le lait à ébullition dans une casserole avec la gousse de vanille fendue en deux et grattée. Ajoutez le riz, mélangez et laissez cuire à petits frémissements pendant 45 minutes, en mélangeant fréquemment pour que le riz n'attache pas. Retirez la gousse de vanille, ajoutez le sucre et laissez refroidir.

2. Pendant ce temps, préparez le coulis Passion : coupez les fruits de la Passion en deux. Récupérez la pulpe de la moitié d'entre eux et passez celle de l'autre moitié au chinois pour éliminer les graines. Placez la pulpe ainsi recueillie dans une petite casserole avec la cassonade et le jus de citron vert. Portez à ébullition, puis laissez cuire 3 minutes à feu moyen pour obtenir un coulis (la pulpe doit épaissir un peu en cuisant et devenir plus translucide). Laissez refroidir.

3. Juste avant de servir, fouettez la crème liquide en chantilly et incorporez-la délicatement au riz au lait. Servez dans des verres ou des coupelles avec du coulis de fruits de la Passion.

TARTE
tout chocolat

Pour 6 à 8 personnes
Préparation : 40 min
Cuisson : 30 min
Réfrigération : 13 h
Repos : 30 min à 1 h

125 g de framboises pour servir
30 cl de crème fraîche liquide
400 g de chocolat noir à 60 % de cacao ou de chocolat au lait
1 cuill. à soupe de miel d'acacia

Pour la pâte sablée
3 jaunes d'œufs à température ambiante
130 g de beurre
20 g de cacao en poudre non sucré
60 g de poudre d'amande ou de noisette
90 g de sucre en poudre
200 g de farine
1 pincée de sel

1. Préparez la pâte sablée au cacao : tamisez ensemble la farine et le cacao. Mettez-les dans le bol d'un robot avec le sucre, la poudre d'amande et le sel. Ajoutez le beurre et pétrissez jusqu'à l'obtention d'une consistance sableuse. Incorporez les jaunes d'œufs et pétrissez de nouveau, sans trop travailler la pâte. Formez une boule, enveloppez-la dans du film alimentaire et placez 12 heures au réfrigérateur. Laissez reposer 30 minutes à 1 heure à température ambiante.

2. Préchauffez le four à 180 °C (th. 6). Étalez la pâte au cacao et garnissez-en un moule à tarte à fond amovible de 25 cm de diamètre. Piquez la pâte avec une fourchette et réservez 30 minutes au réfrigérateur. Garnissez le fond de tarte de papier sulfurisé et de légumes secs, puis enfournez pour 25 minutes. Retirez les légumes secs et le papier sulfurisé ; poursuivez la cuisson 5 minutes. Laissez refroidir complètement.

3. Hachez finement le chocolat et mettez-le dans un saladier. Versez la crème et le miel dans une casserole, portez à ébullition et versez sur le chocolat. Couvrez, laissez reposer 1 minute, puis mélangez de manière à obtenir une crème lisse et homogène.

4. Coulez sur le fond de tarte et placez 30 minutes au réfrigérateur afin que la ganache prenne. Servez accompagné de framboises fraîches en saison.

CRÈME CATALANE

Pour 6 personnes
Préparation : 15 min
Cuisson : 12 min
Infusion : 15 min
Réfrigération : 1 h

1 œuf + 2 jaunes d'œufs bio ou de poules élevées en plein air
60 cl de lait entier
Le zeste râpé de ½ citron bio ou non traité
1 étoile de badiane
1 gousse de vanille
2 pincées de cannelle en poudre
30 g de Maïzena®
100 g de sucre en poudre
2 cuill. à soupe de cassonade

1. Portez à ébullition 50 cl de lait. Hors du feu, faites-y infuser pendant 15 minutes l'étoile de badiane, la cannelle et les graines contenues dans la gousse de vanille. Filtrez le lait et ajoutez le zeste de citron. Réservez.

2. Dans un saladier, fouettez les jaunes, l'œuf entier, le sucre en poudre, la Maïzena® et le reste de lait froid. Ajoutez le lait infusé en filet, puis reversez le tout dans la casserole. Faites chauffer à feu doux, en mélangeant sans cesse, pendant 6 à 8 minutes, jusqu'à ce que le mélange épaississe.

3. Versez dans 6 petits plats à crème brûlée et laissez refroidir 1 heure au réfrigérateur.

4. Au moment de servir, préchauffez le gril du four pendant 10 minutes. Saupoudrez les crèmes de cassonade, puis enfournez-les et laissez-les cuire, en les surveillant attentivement, jusqu'à ce qu'un caramel croustillant se forme en surface. Servez immédiatement.

FRAISES À LA CRÈME FOUETTÉE

Pour 6 à 8 personnes
(selon les verrines)
Préparation : 15 min

500 g de fraises
100 g de mascarpone
2 cuill. à soupe de sucre
en poudre
Pistaches concassées

1. Fouettez le mascarpone pour le « détendre », ajoutez 1 cuillerée à soupe de sucre et fouettez à nouveau. Réservez au frais.

2. Passez brièvement les fraises sous l'eau, déposez-les sur un torchon propre et séchez-les sommairement avec du papier absorbant. Équeutez-les, coupez les trois quarts en petits morceaux et mixez le reste avec 1 cuillerée à soupe de sucre afin d'obtenir un coulis.

3. Répartissez les fraises dans les verrines, couvrez de mascarpone, puis de coulis. Parsemez de pistaches concassées.

FROMAGE BLANC EN FAISSELLE
aux fruits rouges

Pour 6 personnes
À préparer à l'avance
Préparation : 10 min
Cuisson : 15 min
Repos : 1 nuit

500 g de fruits rouges mélangés (myrtilles, groseilles, framboises et cassis)
500 g de fromage blanc en faisselle
20 cl de crème fleurette
150 g de sucre cristallisé
4 cuill. à soupe de sucre glace

1. La veille, disposez une gaze de coton (que vous trouverez en pharmacie) dans le fond d'une passoire et mettez le fromage blanc à égoutter toute la nuit au frais.

2. Le jour même, égrappez les groseilles et les cassis, mettez-les dans une casserole avec les myrtilles et le sucre cristallisé, et faites cuire le tout pendant 10 minutes à feu moyen. Ajoutez les framboises et poursuivez la cuisson pendant 5 minutes à feu plus vif. Retirez ensuite du feu et réservez.

3. Fouettez la crème fleurette en chantilly, ajoutez le sucre glace à la fin, et mélangez-la délicatement au fromage blanc. Moulez vos fromages blancs à l'aide d'un ramequin, démoulez-les sur les assiettes de service, nappez-les de fruits rouges et servez aussitôt.

MOELLEUX À LA PISTACHE
et au chocolat blanc

Pour 6 moelleux
Préparation : 20 min
Cuisson : 8 min
Réfrigération : 1 h

1 œuf + 1 jaune
10 cl de crème fleurette
80 g de beurre
12 carrés de chocolat blanc
100 g de pistaches décortiquées
80 g de poudre d'amande
100 g de sucre en poudre
Huile pour les cercles

1. Concassez finement la moitié des pistaches. Faites fondre le beurre doucement.

2. Dans une grande jatte, battez l'œuf et le jaune. Ajoutez le sucre et fouettez vivement, puis incorporez la poudre d'amande et les pistaches pilées, puis le beurre fondu et la crème.

3. Huilez 6 cercles de présentation et chemisez-les avec une bande de papier sulfurisé. Posez-les sur une tôle à pâtisserie également chemisée de papier sulfurisé. Remplissez les cercles avec la moitié de la pâte. Ajoutez 2 carrés de chocolat blanc dans chacun, puis incorporez la pâte restante. Réservez 1 heure au réfrigérateur.

4. Préchauffez le four à 180 °C (th. 6) 10 minutes environ avant de servir. Enfournez les moelleux pour 8 minutes, puis déplacez les cercles sur des assiettes de service, à l'aide d'une spatule. Retirez délicatement les cercles et garnissez le dessus des moelleux du reste de pistaches grossièrement concassées. Servez de préférence tiède.

TARTE ABRICOTS
et amandes

Pour 6 personnes
Préparation : 15 min
Cuisson : 30 à 35 min

1 pâte feuilletée préétalée
800 g d'abricots mûrs (mais fermes)
50 g d'amandes effilées
40 g de poudre d'amande
80 g de sucre en poudre
Sucre glace pour le décor

1. Préchauffez le four à 190 °C (th. 6-7) et préparez un moule.

2. Déroulez la pâte, soulevez-la délicatement et posez-la dans le moule. Appuyez bien du bout des doigts dans les angles pour la faire adhérer, puis découpez nettement les bords. Piquez le fond avec une fourchette et réservez au réfrigérateur.

3. Rincez les abricots à l'eau fraîche. Essuyez-les avec soin, ouvrez-les en deux et dénoyautez-les. Taillez-les en lamelles épaisses.

4. Mélangez les amandes en poudre et la moitié du sucre dans un bol. Étalez uniformément ce mélange dans le fond de tarte. Disposez ensuite les abricots en cercles concentriques, en partant de l'extérieur, bien serrés les uns contre les autres. Saupoudrez le reste du sucre et enfournez. Faites cuire 30 à 35 minutes, jusqu'à ce que la pâte soit bien dorée.

5. Sortez la tarte du four, parsemez les amandes effilées en surface et saupoudrez d'un peu de sucre glace. Laissez refroidir

FONDANT AU CHOCOLAT
au bain-marie

Pour 4 personnes
Préparation : 15 min
Cuisson : 1 h 20 à 1 h 35

3 œufs
175 g de beurre
175 g de chocolat noir
150 g de chocolat parfumé
(orange par exemple)
ou croustillant (Crunch®)
100 g de sucre en poudre
1 cuill. à soupe de farine

1. Préchauffez le four à 160 °C (th. 5-6). Tapissez un moule carré ou rond de papier cuisson. Remplissez un plat creux (pouvant contenir le moule) d'eau chaude à mi-hauteur et placez-le dans le four.

2. Faites fondre le beurre, le chocolat noir et le sucre au bain-marie. Mélangez bien, puis ajoutez les œufs un à un pour obtenir une consistance lisse et homogène. Incorporez la farine.

3. Cassez le chocolat parfumé ou croustillant en petits morceaux et ajoutez-le à la préparation. Versez dans le moule et placez celui-ci dans le bain-marie au four. Faites cuire 1 h 15 à 1 h 30. Retirez du bain-marie et laissez refroidir complètement avant de découper.

CHARLOTTE
aux fruits rouges

Pour 4 personnes
Préparation : 30 min
Cuisson : 2 min

250 g de framboises
125 g de fraises
200 g de mascarpone bien froid
200 g de fromage frais type St Môret®
12 biscuits roses de Reims
2 cuill. à soupe de guignolet
1 cuill. à café d'extrait de vanille liquide
15 cl de sirop de sucre de canne
80 g de sucre glace
3 cuill. à soupe de sucre en poudre

1. Mettez 200 g de framboises dans une casserole avec 2 cuillerées à soupe de sucre et portez à ébullition pendant 2 minutes. Retirez du feu et laissez refroidir complètement. Égouttez soigneusement les framboises et conservez le jus de cuisson.

2. Équeutez les fraises, coupez-les en petits morceaux et saupoudrez 1 cuillerée à soupe de sucre. Réservez.

3. Mélangez le mascarpone, le fromage frais, le sucre glace et l'extrait de vanille, puis ajoutez les framboises égouttées. Réservez.

4. Mélangez le sirop de sucre de canne et le guignolet. Imbibez les biscuits roses et disposez-les dans 4 verres ou 1 coupe en verre. Recouvrez de mélange au fromage frais et aux framboises, puis de fraises (conservez le jus) et des framboises restantes. Mettez au frais 2 heures.

5. Faites réduire le jus de framboise et le jus de fraise jusqu'à ce qu'ils deviennent sirupeux. Laissez refroidir, puis réservez au réfrigérateur. Servez les charlottes avec le coulis.

CITRONS GIVRÉS

Pour 4 personnes
Préparation : 20 min
Cuisson : 10 min
Réfrigération : 8 h

4 citrons (bio de préférence)
120 g de sucre en poudre
120 g d'eau
1 blanc d'œuf

1. Lavez et séchez les citrons, puis coupez un chapeau dans la partie supérieure de chacun d'eux. Pressez-les, en veillant à ne pas abîmer les écorces, nettoyez l'intérieur de celles-ci à l'aide d'une petite cuillère et placez-les au congélateur.

2. Versez l'eau et le sucre dans une casserole, portez sur feu moyen et faites chauffer jusqu'à obtenir un sirop léger (comptez environ 5 minutes). Ajoutez 60 g du jus de citron obtenu précédemment et poursuivez la cuisson pendant 2 à 3 minutes. Retirez du feu et laissez refroidir.

3. Fouettez le blanc d'œuf en neige bien ferme, puis incorporez petit à petit le sirop en fouettant délicatement. Versez le tout dans une barquette et réservez pendant 4 heures au congélateur. Répartissez la glace dans les écorces de citron et remettez au congélateur pour encore 4 heures avant de déguster.

TARTE TATIN

Pour 4 personnes
Préparation : 30 min
Repos : 1 h 10 à 1 h 40
Cuisson : 1 h 25 à 1 h 40

1 kg de pommes (reine des reinettes par exemple)
1 orange
50 g de beurre
180 g de sucre en poudre
1 gousse de vanille

Pour la pâte
120 g de beurre
80 g de poudre d'amande
180 g de farine
40 g de sucre en poudre
1 pincée de sel

1. Préparez la pâte : mélangez la farine, le sel, le sucre et la poudre d'amande dans un saladier. Coupez le beurre en cubes et incorporez-le au mélange précédent. Ajoutez 5 cl d'eau environ et formez une boule. Laissez-la reposer au frais, enveloppée dans du film alimentaire, de 30 minutes à 1 heure.

2. Préchauffez le four à 180 °C (th. 6). Pelez les pommes, évidez-les et coupez-les en deux ou en quatre selon la taille.

3. Pressez l'orange. Mettez le sucre, le jus d'orange et les graines de la gousse de vanille dans un moule à manqué ou une poêle en fonte. Faites chauffer à feu moyen pour dissoudre le sucre, puis faites cuire 5 à 8 minutes pour obtenir un caramel léger, tout juste doré. Ajoutez le beurre.

4. Rangez les pommes dans le moule, couvrez en laissant une ouverture et faites confire 50 minutes au four. Poursuivez la cuisson à découvert 10 minutes pour caraméliser les pommes. Laissez refroidir 30 minutes.

5. Abaissez la pâte sur une épaisseur de 5 mm environ et recouvrez les pommes, en entrant la pâte à l'intérieur du moule. Faites cuire 20 à 30 minutes, jusqu'à ce que la pâte soit dorée et que le caramel remonte sur les côtés du moule. Laissez tiédir 10 minutes, puis retournez. Servez tiède avec de la glace au gingembre ou à la vanille.

QUATRE-QUARTS
à la crème

Pour 6 à 8 personnes
Préparation : 15 min
Cuisson : 45 min

3 œufs
20 g de beurre pour le moule
150 g de très bonne crème fraîche épaisse entière
150 g de farine
125 g de sucre en poudre
20 g de sucre cristal pour le moule
½ sachet de levure chimique

1. Préchauffez le four à 160 °C (th. 5-6). Beurrez et sucrez un moule à cake.

2. Fouettez les œufs entiers et le sucre jusqu'à ce que le mélange blanchisse. Incorporez la crème à l'aide d'une spatule souple, sans travailler la pâte. Ajoutez la farine et la levure en les tamisant. Mélangez

3. Versez la préparation dans le moule, enfournez et faites cuire 45 minutes. Vérifiez la cuisson avec une petite pique en bois.

MOUSSE
au chocolat

Pour 4 personnes
Préparation
de la mousse : 20 min
Réfrigération : 2 h
Préparation des soufflés :
20 min
Réfrigération : 20 min
Cuisson : 10 min

4 œufs
20 g de beurre
(pour la version 2)
180 g de bon chocolat noir
à 60 % de cacao minimum
60 g de sucre en poudre
+ 30 g (pour la version 2)
1 pincée de sel

Version 1 : mousse au chocolat

1. Cassez les œufs et séparez les blancs des jaunes. Faites fondre le chocolat au bain-marie, puis retirez du feu et laissez tiédir un instant. Ajoutez les jaunes d'œufs et mélangez en faisant des cercles concentriques à l'aide d'une spatule.

2. Montez les blancs en neige ferme avec 1 pincée de sel, puis incorporez le sucre tout en continuant de fouetter. Incorporez délicatement les blancs au chocolat en trois fois. Versez la mousse dans un grand bol ou des ramequins et faites prendre au réfrigérateur pendant 2 heures minimum.

Version 2 : soufflés au chocolat

1. Beurrez et sucrez 4 ramequins ou tasses en porcelaine allant au four. Placez au réfrigérateur pendant 20 minutes.

2. Répartissez la mousse juste préparée dans les ramequins, puis faites prendre au réfrigérateur pendant 2 heures minimum.

3. Juste avant de servir, préchauffez le four à 210 °C (th. 7). Faites cuire les mousses 10 minutes environ pour obtenir des petits soufflés. Ils doivent être gonflés, mais le dessus ne doit pas craquer. Le cœur doit être encore coulant et les bords pris.

ŒUFS À LA NEIGE

Pour 4 personnes
Préparation : 30 min
Cuisson : 15 min

250 g de fraises gariguette
1 cuill. à café de jus de citron
4 blancs d'œufs
8 cl de lait entier
25 cl de lait de coco
40 g de pralines roses
130 g de sucre en poudre
1 gousse de vanille
1 pincée de sel

1. Dans une casserole, faites chauffer le lait de coco, le lait entier, 90 g de sucre et la gousse de vanille fendue en deux et grattée. Mélangez à feu doux, jusqu'à ce que le sucre soit fondu. Laissez refroidir, puis réservez au frais.

2. Portez une grande casserole d'eau à ébullition, puis baissez le feu pour que l'eau soit juste frémissante. Montez les blancs en neige ferme avec le sel, puis ajoutez 20 g de sucre et continuez de fouetter 1 minute. Formez des quenelles à l'aide de 2 cuillères à soupe et pochez-les au fur et à mesure dans l'eau frémissante pendant 2 minutes. Sortez-les délicatement, puis posez-les sur un linge propre.

3. Hachez finement les pralines roses. Rincez les fraises, puis équeutez-les et coupez-les en deux ou en quatre. Mixez-les avec 20 g de sucre et le jus de citron.

4. Servez la crème bien froide dans des petits bols, posez un blanc poché sur le dessus, parsemez de pralines hachées et dégustez avec le coulis de fraises.

MINI-TIRAMISU
café-cacao

Pour 4 personnes
Préparation : 25 min

150 g de mascarpone
8 biscuits à la cuillère
4 œufs
50 g de sucre en poudre
10 cl de Tia Maria
(ou d'amaretto)
15 cl de café noir froid
3 cuill. à soupe de cacao
en poudre
1 pincée de sel fin

1. Cassez les œufs en séparant les blancs des jaunes. Battez les jaunes d'œufs avec le sucre jusqu'à consistance jaune pâle et mousseuse. Incorporez ensuite le mascarpone et la Tia Maria. Par ailleurs, montez les blancs d'œufs en neige très ferme avec le sel.

2. Cassez les biscuits en petits morceaux et répartissez-en la moitié dans les verrines. Arrosez de café et laissez-le imbiber les biscuits. Recouvrez avec la crème aux jaunes d'œufs, puis poudrez généreusement de cacao.

3. Recouvrez avec le reste des biscuits, ajoutez les blancs en neige et poudrez avec le reste de cacao.

POMMES COCOTTE
aux figues et à la groseille

Pour 4 personnes
Préparation : 30 min
Cuisson : 25 min

4 pommes (golden
ou granny-smith)
4 figues violettes fraîches
70 g de beurre + un peu
pour les cocottes
100 g de gelée de groseille
100 g de sucre cristallisé

1. Laissez ramollir le beurre à température ambiante. Étalez le sucre dans une assiette.

2. Préchauffez le four à 200 °C (th. 6-7) et beurrez 4 cocottes individuelles.

3. Pelez les pommes, retirez le cœur à l'aide d'un vide-pomme et coupez légèrement la base de sorte que les fruits soient stables. Enduisez-les généreusement de beurre ramolli, puis roulez-les dans le sucre, en les tenant par les extrémités afin de ne pas abîmer l'enrobage. Posez une pomme dans chaque cocotte.

4. Hachez les figues en tout petits dés, remplissez-en les pommes, puis enfournez pour 10 minutes, sans couvrir.

5. Chauffez légèrement la gelée de groseille dans une petite casserole, avec 2 cuillerées d'eau. Sortez les cocottes du four et arrosez les pommes de gelée. Baissez la température à 180 °C (th. 6), couvrez les cocottes et remettez à cuire pour 15 minutes. Servez tiède ou froid.

MOUSSE
au chocolat blanc

Pour 4 personnes
Préparation : 20 min
Réfrigération : 6 h

4 œufs
20 cl de crème fleurette bien froide
250 g de chocolat blanc à pâtisser de bonne qualité (en pastilles de préférence)

1. Mettez le chocolat et 10 cl de crème fleurette dans une casserole, puis faites fondre à feu doux en mélangeant régulièrement. Laissez tiédir.

2. Cassez les œufs : réservez les blancs et ajoutez les jaunes à la préparation précédente. Mélangez bien.

3. Montez le reste de la crème en chantilly, puis incorporez-la délicatement au mélange chocolaté. Montez ensuite les blancs en neige et ajoutez-les délicatement à leur tour au mélange précédent, à l'aide d'une spatule. Versez le tout dans un grand bol ou dans des petits bols individuels et faites prendre au minimum 6 heures au réfrigérateur.

SORBET À LA MANGUE

Pour 4 personnes
Préparation : 10 min
Turbinage : 20 min

2 mangues de 300 à 400 g (variété Kent de préférence)
Sucre en poudre (de 30 à 35 % du poids des fruits, selon votre goût et leur maturité)

1. Pelez la mangue et enlevez le noyau central. Mixez la chair avec le sucre.

2. Placez dans la turbine à glace. Mettez sur position « turbine et refroidissement », laissez turbiner 20 minutes. Arrêtez, ouvrez la machine et goûtez à la cuillère si la texture vous convient : la glace ne doit pas être trop molle, sinon des paillettes vont se former.

MONT-BLANC GLACÉ

Pour 6 personnes
Préparation : 15 min
Réfrigération : 6 h

250 g de crème fraîche épaisse
400 g de crème de marrons
15 cl de crème liquide
15 g de sucre glace

1. Mélangez la crème fraîche épaisse avec la crème de marrons.

2. Battez la crème liquide en chantilly ferme ; ajoutez le sucre glace et fouettez pendant encore quelques secondes.

3. Incorporez délicatement la chantilly au mélange à la crème de marrons. Répartissez cette préparation dans six ramequins, mettez dans le congélateur et réservez pendant 6 heures avant de déguster.

LES DESSERTS

PARFAIT
aux marrons

Pour 4 personnes
Préparation : 30 min
Cuisson : 10 min
Congélation : 3 h

1 boîte de 850 g de marrons au naturel
40 cl de crème fleurette
3 cuill. à soupe de crème fraîche épaisse
125 g de sucre en poudre
1 sachet de sucre vanillé
1 gousse de vanille
2 cuill. à soupe de liqueur d'orange (facultatif)

Pour le décor
50 g de chocolat noir amer
Quelques zestes d'orange confits

1. Rincez et égouttez les marrons. Écrasez-les au moulin à légumes muni d'une grille fine.

2. Fendez la gousse de vanille en deux dans la longueur et mettez-la dans une casserole avec 10 cl d'eau et le sucre. Portez à ébullition et laissez cuire jusqu'à ce que le sirop forme de grosses bulles. Ajoutez la purée de marrons et faites chauffer doucement pendant encore 3 minutes, sans cesser de remuer.

3. Hors du feu, ajoutez la crème fraîche et la liqueur d'orange. Mélangez bien et laissez refroidir. Fouettez la crème fleurette très froide en chantilly, en saupoudrant le sucre vanillé à la fin.

4. Tapissez un moule de film transparent. Retirez la vanille de la purée de marrons et grattez l'intérieur de la gousse avec la pointe d'un couteau pour récupérer les graines. Incorporez délicatement la moitié de la chantilly à la purée, mélangez bien, puis versez la préparation dans le moule. Mettez au congélateur pour 3 heures.

5. Coupez le zeste d'orange en fins bâtonnets et râpez le chocolat. Démoulez le parfait en retournant le moule sur un plat glacé et retirez le film transparent. Parsemez-le de chocolat râpé et décorez de zestes d'orange. Servez le reste de chantilly en même temps. Vous pouvez aussi ajouter des quartiers d'orange pelés à vif tout autour et décorer de feuilles de menthe.

ANANAS, BEURRE SALÉ
et gousse de vanille

Pour 4 personnes
Préparation : 10 min
Cuisson : 15 min

1 gros ananas mûr
20 g de beurre salé
1 gousse de vanille
2 cuill. à soupe de cassonade

1. Épluchez l'ananas en prenant soin d'ôter les yeux et le cœur fibreux. Coupez l'ananas en quatre puis en tronçons de 1 cm d'épaisseur.

2. Faites fondre le beurre dans un wok à feu doux. Coupez la gousse de vanille dans la longueur, grattez les graines à l'intérieur et jetez les graines et la gousse dans le beurre fondu. À feu très vif, ajoutez les tronçons d'ananas et la cassonade. Laissez caraméliser quelques minutes l'ananas, baissez le feu et poursuivez la cuisson à feu doux pendant 5 minutes.

3. Servez tiède avec une boule de glace à la vanille ou à la noix de coco.

INDEX DES RECETTES

Ananas, beurre salé et gousse de vanille, 190
Aumônières d'escargots, 48
Bœuf bourguignon, 122
Bœuf braisé, 106
Bouillabaisse glacée, 116
Cailles au jus et raisins sautés, 88
Carpaccio, 56
Carrés feuilletés aux cabécous, au miel et au thym, 52
Céleri rémoulade à la pomme, 31
Charlotte aux fruits rouges, 168
Choux à la crème, 148
Citrons givrés, 170
Clafoutis aux cerises noires, 142
Club sandwichs, 132
Coq au riesling, 118
Coulants au chocolat aux rochers pralinés, 146
Courgettes rondes farcies, 109
Crème brûlée aux pelures de truffes, 62
Crème catalane, 174
Croque-monsieur gratiné, 138
Entrecôtes grillées, sauce roquefort, 96
Espadon confit aux oignons nouveaux, 82
Flamiche aux poireaux, 32
Flans aux champignons des bois et échalotes, 40
Fondant au chocolat au bain-marie, 166
Fraises à la crème fouettée, 160
Fricadelles, 120
Fromage blanc en faisselle aux fruits rouges, 161
Gaspacho de courgettes et tomates, 44
Hachis Parmentier, 86
Hamburger XXL, 140
Jambon persillé, 42
Lapin au romarin, 110
Magret de canard et navets au miel, 84

Mignons de porc au caramel de soja, 72
Millefeuilles de porc et mayonnaise aux pommes, 68
Mini-paniers à croquer aux fruits de saison, 152
Mini-tiramisu café-cacao, 180
Moelleux à la pistache et au chocolat blanc, 162
Mont-blanc glacé, 187
Moules farcies, 104
Mousse au chocolat blanc, 184
Mousse au chocolat, 176
Navarin d'agneau tout vert, 100
Œufs à la neige, 178
Œufs cocotte campagnards, 10
Œufs mimosa, 14
Œufs surprise, 18
Oignons farcis, 38
Omelette, 135
Panna cotta coco et coulis mangue-Passion, 144
Parfait aux marrons, 188
Paupiettes à la ricotta et aux épinards, 70
Penne aux aubergines, 80
Petit salé aux lentilles, 114
Petits clafoutis aux saint-jacques, 16
Pommes cocotte aux figues et à la groseille, 182
Pot-au-feu, 130
Poulet purée, 136
Purée de navets nouveaux à la ciboulette, 83
Quatre-quarts à la crème, 174
Quenelles aux cèpes, 38
Quiche aux artichauts et aux tomates confites, 50
Ravioles de fromage de chèvre à l'huile de noix, 76
Rillettes de lapin au bouillon, 20

Riz au lait, 154
Rôti de porc farci aux oignons caramélisés, 112
Rougets à la niçoise, 94
Salade de crudités et sauce asiatique, 66
Salade de fenouil et betterave, 30
Salade de panais au magret fumé, 64
Salade de tomates en verrines, 36
Salade landaise, 58
Salade niçoise, 12
Salade romaine au poulet mariné, 24
Salade rouge de chèvre chaud, 6
Saumon mariné tiède, 92
Soles meunières, 102
Sorbet à la mangue, 186
Soufflés au fromage, 34
Soupe à l'oignon, 28
Soupe de potiron, 22
Souris d'agneau aux abricots, 78
Suprême de pintade confit d'endives et châtaignes, 74
Tagliatelles de courgettes, 128
Tartare classique, 134
Tartare de saint-jacques au crabe et à la pomme verte, 60
Tartare de saumon, 8
Tarte abricots et amandes, 164
Tarte au citron en verrines, 150
Tarte aux épinards, 90
Tarte Tatin, 172
Tarte tout chocolat, 156
Tartine œuf mimosa et parmesan, 54
Tartines gratinées à la lyonnaise, 57
Tendrons de veau façon blanquette, 74
Terrine de foie de volaille, 26
Tomates farcies, 108
Truite aux amandes, 126
Velouté de châtaigne, 46

CRÉDITS

Recettes – Natacha Arnoult : 6, 8, 12, 22, 26, 28, 66, 76, 80, 86, 94, 100, 106, 108, 112, 114, 116, 126, 136, 148, 150, 154, 156, 166, 168, 172, 174, 176, 178, 184 ; Martine Lizambard : 10, 14, 16, 20, 38, 40, 42, 52, 70, 72, 78, 82, 90, 104, 110, 142, 164, 182 ; Véronique Cauvin : 18, 36, 132, 146, 152 ; Sylvie Girard-Lagorce : 24, 50, 57, 58, 60, 83, 96, 138, 162, 180 ; Anne Alassane : 30, 32 ; Solveig Darrigo-Dartinet : 31 ; Christophe Dovergne et Damien Duquesne : 34, 102 ; Catherine Bourron-Normand et Béatrice Vigot-Langardé : 44, 98, 109, 128 ; Marine Labrune : 46 ; Ghislaine Danan-Bénady : 48 ; David Batty : 54 ; Caterina Rizzo : 56 ; Camille Murano : 62 ; Marine Crousnillon : 64, 74, 84, 88, 92, 190 ; Laurence Du Tilly : 68 ; François-Régis Gaudry : 118 ; Karen Fingerhut et Olivier Rouault : 120 ; Marie Leteuré : 122, 130, 161 ; Lucia Pantaleoni : 124, 134 ; Marion Beilin : 135, 160 ; Stéphanie Bulteau : 140 ; Nathalie Nguyen : 144 ; Estérelle Payany : 158 ; Birgit Dahl-Stern et Dorian Neto : 170, 187 ; David Batty/Martine Lambert : 186.

Photographie/Stylisme – Édouard Sicot/Natacha Arnoult : 7, 9, 13, 23, 29, 67, 77, 81, 87, 95, 101, 107, 113, 115, 117, 127, 137, 149, 151, 155, 157, 167, 169, 173, 179, 185 ; Éric Fénot/Delphine Brunet : 11, 19, 31, 37, 39, 53, 55, 65, 71, 73, 75, 79, 82, 83, 85, 89, 91, 93, 105, 108, 111, 133, 134, 145, 147, 153, 165, 181, 183, 189, 191 ; Guillaume Czerw/Natacha Arnoult : 15 ; Pierre Chivoret/Victorine Ducoulombier : 17, 143 ; Guillaume Czerw/Sophie Dupuis-Gaulier : 21 ; Valéry Guedes/Natacha Arnoult : 25, 31, 33, 41, 45, 57, 61, 69, 97, 187 ; Pierre Chivoret/Alexia Janny : 27 ; La food Anne Ferreira/Thomas Dhellemmes : 35, 103 ; Amélie Roche/Alexia Janny : 43, 163 ; Valéry Guedes/Emmanuel Renault : 45, 99, 109, 129, 131, 177 ; Marie-José Jarry : 47 ; Nathanaël Turpin-Griset/Sandra Mahut : 49 ; Myriam Gauthier-Moreau : 51 ; Bernard Radvaner/Motoko Okuno : 59, 159 ; Jean Bono/Géraldine Sauvage : 63 ; Jean-Charles Vaillant/Bérengère Abraham : 119, 175 ; Bernard Radvaner : 121, 139, 161 ; David Bonnier/Caline Fourcade : 123 ; Valéry Guedes/Audrey Cosson : 125 ; Jean Bono/Emmanuel Renault : 141 ; Marie-José Jarry/Bérengère Abraham : 160 ; Nathalie Carnet/Manuela Chantepie : 171, 187.